edition physiopraxis

Marketing für die Physiotherapie

Erfolg durch Corporate Identity

Anke Zillessen
Roland Hein

44 Abbildungen

Georg Thieme Verlag
Stuttgart · New York

Bibliografische Information
Der Deutschen Bibliothek

Die Deutsche Bibliothek verzeichnet diese Publikation in der Deutschen National-bibliographie; detaillierte bibliographische Daten sind im Internet über http://dnb.ddb.de abrufbar

Wichtiger Hinweis: Wie jede Wissenschaft ist die Medizin ständigen Entwicklungen unterworfen. Forschung und klinische Erfahrung erweitern unsere Erkenntnisse, insbesondere was Behandlung und medikamentöse Therapie anbelangt. Soweit in diesem Werk eine Dosierung oder eine Applikation erwähnt wird, darf der Leser zwar darauf vertrauen, dass Autoren, Herausgeber und Verlag große Sorgfalt darauf verwandt haben, dass diese Angabe **dem Wissensstand bei Fertigstellung des Werkes** entspricht.

Für Angaben über Dosierungsanweisungen und Applikationsformen kann vom Verlag jedoch keine Gewähr übernommen werden. **Jeder Benutzer ist angehalten**, durch sorgfältige Prüfung der Beipackzettel der verwendeten Präparate und gegebenenfalls nach Konsultation eines Spezialisten festzustellen, ob die dort gegebene Empfehlung für Dosierungen oder die Beachtung von Kontraindikationen gegenüber der Angabe in diesem Buch abweicht. Eine solche Prüfung ist besonders wichtig bei selten verwendeten Präparaten oder solchen, die neu auf den Markt gebracht worden sind. **Jede Dosierung oder Applikation erfolgt auf eigene Gefahr des Benutzers.** Autoren und Verlag appellieren an jeden Benutzer, ihm etwa auffallende Ungenauigkeiten dem Verlag mitzuteilen.

© 2005 Georg Thieme Verlag KG
Rüdigerstraße 14
D-70469 Stuttgart
Unsere Homepage: http://www.thieme.de

Printed in Germany

Umschlaggestaltung: Thieme Verlagsgruppe
Umschlagabbildung: MEV-Verlag, Augsburg
Satz: Druckerei Sommer, Feuchtwangen
Druck: Druckhaus Götz, Ludwigsburg

ISBN 3-13-139181-2   1 2 3 4 5 6

Vorwort

Viele Physiotherapeuten informieren noch zu verhalten über ihre Angebote und ihre fundierten Kenntnisse. Vielleicht weil sie denken, Werbung sei für Gesundheitsberufe immer noch tabu?

Doch die Zeiten haben sich geändert!
Das vorliegende Handbuch soll ermutigen, beraten und Anregungen geben.
Werben Sie beherzt – setzen Sie in die Tat um, was Ihnen ganz speziell für Ihr Angebot als passend erscheint!

Entwickeln Sie die Vorschläge und Ideen dieses Buchs für sich und Ihre Praxis weiter.

Viele Aspekte entstanden in der Beratung und in enger Zusammenarbeit mit Kolleginnen und Kollegen aus der Praxis.
Wir danken allen – und besonders denjenigen, die uns ihre Werbematerialien zur Illustration überlassen haben.

Ihr Feedback ist uns willkommen, schreiben Sie uns!

Wir wünschen Ihnen viel Erfolg,

Ihre Anke Zillessen und Roland Hein.

Anschriften

Anke Zillessen
Heimatstraße 10
79102 Freiburg

Roland Hein
Friedrich-Dannenmann-Straße 12
72070 Tübingen

Inhaltsverzeichnis

Corporate Behaviour ... 53

Anhang . . . 75

Einführung

Was bedeutet Marketing?

Physiotherapiepraxen sind heutzutage immer auch Dienstleistungsbetriebe!

Dabei spielt es keine Rolle, ob Sie eine Ein-Frau-Praxis, eine Einrichtung mit zehn Mitarbeitern oder ein großes Therapiezentrum mit Wellness-Bereich führen.

In jedem Fall möchten Sie sich und Ihr Unternehmen auf dem Markt – also gegenüber Ihren „Mitbewerbern" – behaupten. Und nichts anderes bedeutet „Marketing".

▪ Ein Marketing-Konzept funktioniert besonders gut, wenn das gesamte Team eingeweiht ist. Jeder Mitarbeiter sollte hinter den Marketing-Elementen stehen können, sie umsetzen wollen und an deren Erfolg teilhaben dürfen.

Der erste Eindruck zählt: „Hier fühle ich mich aufgehoben"

Das wirksamste Marketing-Element sind Therapieerfolge. Doch auf den ersten Blick wird die Therapie-Qualität für Patienten und Kunden meist nicht deutlich.

▪ Was aber in jedem Fall zählt, ist der erste Eindruck: „Da geh ich gerne hin!" – „Die sind aber nett!" – „Hier riecht's gut!" – „Freundliche Räume!"

Möglicherweise liegt das an der freundlichen Ausstrahlung Ihrer Telefonstimme, dem angenehmen Sitzmöbel im Warteraum und der Tatsache, dass Sie dort eine gern gelesene aktuelle Zeitschrift anbieten. Oder am professionellen Eindruck, den Ihr Praxisschild und die Visitenkarte hinterlassen.

Zeigen Sie sich ganz bewusst – vom ersten Kontakt an – und auf allen Ebenen der Wahrnehmung. Lassen Sie Ihre Kunden hören, sehen und spüren, dass sie bei Ihnen richtig sind.

Corporate Identity – Ein ganzheitliches Profil ist die Basis für wirksame Marketing-Medien

CI – wie die „Corporate Identity" kurz genannt wird – bezieht sich demnach nicht allein auf das visuelle Erscheinungsbild (Corporate Design), also auf Ihr Praxisschild, die Visitenkarte oder den Briefkopf Ihres Unternehmens.

Auch Werbung und Pressearbeit (Corporate Communications) oder Ihr Verhalten gegenüber Patienten und Kollegen (Corporate Behaviour) beeinflussen den Eindruck, den Patienten, Kunden und Kooperationspartner von Ihnen gewinnen.

▪ Je klarer und ganzheitlicher das Profil Ihres Unternehmens, desto leichter tun Sie sich beim Entwurf wirksamer Marketing-Mittel – etwa eines Praxis-Flyers, einer Anzeige oder der Website Ihrer Therapie-Einrichtung.

Damit Ihre Darstellung „identisch" oder unverwechselbar, authentisch und stimmig wirkt, sollten Sie sich zunächst über Ihre Unternehmensphilosophie, die Ziele Ihrer Arbeit und den einzigartigen Nutzen Ihres Angebots im Klaren sein – denn allein das Ziel „kompetente Behandlung" reicht heute nicht mehr aus. Unternehmen mit einem klaren Profil und scharfen Konturen haben es leichter, mit Kunden zu kommunizieren.

Kombinieren Sie Ihre CI-Elemente stimmig: Werben Sie beispielsweise unter dem Motto „Therapie und Training" mit dem Slogan „Trainieren können Sie überall – bei uns bleiben Sie gesund!". Folgerichtig sorgen Sie dann auch außerhalb der Behandlungsräume für die Gesundheit Ihrer Kunden: Ein Mineralwasserspender im Wartebereich wäre somit ein passenderes Angebot als ein Aschenbecher im Eingangsbereich.

▪ Rund ums Marketing sollten Sie vor allem eins im Auge haben: Die Adressaten.

Und das sind in erster Linie Ihre Patienten, Klienten oder Kunden.

Und ferner nicht zu vergessen: Ihre (potentiellen) Kooperationspartner.

Profilieren Sie sich also gegenüber Ihren Mitbewerbern auf dem Gesundheitsmarkt durch ein kompetentes und aussagekräftiges Image.

Dieses Buch unterstützt Sie dabei.

...anuelle Ganzkörpertherapie

Osteopathische An...

Die Osteopathie ist eine medizinische Disziplin, die bereits im 19. Jahrhundert von dem amerikanischen Arzt A.T. Still entwickelt wurde.

Der Osteopath erforscht mit seinen... die Ursache der Symptome, unt... der Patient leidet.

Selten ist der O...
ursächlich...

Dabe...
störu...
Bewegu...
entstan...

...en ist...

Eine Vielfalt von Beschw...
gezielt osteopathisch behan...

Bei Erwachsenen
Beschwerden am Bewegung...
Kopfschmerz, Schwindel, Tinn...
Kiefergelenkprobleme
Magen-, Darm-, Verdauungsbesc...
Blasenschwäche
häufige Blasenentzündungen
Menstruationsbeschwerden
...eschwerden nach der Entbindung, u...

...ndern
...- Syndrom
...delasymmetrien
...zugung einer Seite
...ktionshaltung)
...onats-Koliken, usw.

...e Verletzungen
...ntsprophylaxe
...es Immunsystem...
...me
...me bei...

HandWerk

Andi May

Praxis für
...Physiotherapie / Krankengymnastik
und Osteopathie

HandWerk

Andi May

Praxis für
Physiotherapie / Krankengymnastik
und Osteopathie

...ückmannstraße 48

Corporate Design

Farbe, Logo, Schrift, Bildsprache

1

Farbe, Logo, Schrift, Bildsprache

Einheitlich, einfach und einprägsam sollten die Botschaften Ihres Unternehmens Gestalt annehmen – in Farbgestaltung, Logo, Schrifttyp und Bildsprache. So wirkt Ihr Corporate Design prägnant und beeindruckt Patienten und Kunden.

Farben wecken Gefühle

Farben haben eine hohe emotionale Ausstrahlung. Da sie stärker als Formen wirken, haben sie auch einen hohen Wiedererkennungswert.

Wählen Sie eine Hausfarbe, mit der Sie und Ihr Team sich gut identifizieren können – sie sollte sich durch alle Bereiche Ihres Unternehmens ziehen, vom Logo bis zum Therapeuten-T-Shirt.

Unterschiedliche Facetten Ihrer Praxisphilosophie können Sie auch durch die Kombination zweier Farben ausdrücken. Blau gilt beispielsweise als seriös, als einzige Farbe kann es allerdings ein wenig streng oder gar steril wirken. Kombinieren Sie blau mit einem sonnigen Orange strahlen Ihre Marketing-Medien möglicherweise eine Zusammenkunft von medizinischer Professionalität und Herzenswärme aus.

Logo: schlicht, individuell und treu

Auch das Logo sollte ein Symbol mit individueller Wirkung sein – entscheiden Sie sich daher besser nicht für bereits abgegriffene Bildmarken wie die Wirbelsäule, den Äskulap-Stab oder die Leonardo da Vinci-Figur.

Oft bieten sich auch Wort- oder Buchstabenmarken an – ein Eigenname in individuellem Schrifttyp oder aber Kombinationen aus Bild- und Wortmarke. Sie alle erkennen beispielsweise „Adidas" sowohl am Schriftzug als auch an den drei Streifen. Ein gutes Logo ist treu und eher schlicht als tiefgründig – es ist nicht zeitgeistig.

Logos sollten sowohl in Farbe als auch in schwarz-weiß, sowie in allen Größen wirken. Schließlich möchten Sie sie sowohl auf dem Kugelschreiber und der Visitenkarte unterbringen als auch für das Praxisschild oder gar eine Fahne verwenden.

Schrifttyp

Jede Schrift hat ihre eigene Ausstrahlung, auch die Typografie sollte daher zur Praxisphilosophie passen – wählen Sie nicht mehr als zwei verschiedene Schrifttypen – und vertrauen Sie hier besonders dem Fachwissen eines Grafikers.

Bilder erzählen

Ein eigener Bildstil gibt einen lebendigen Einblick in das Unternehmen. Stärker als Worte transportieren Bilder Erlebniswelten, die die Botschaft des Unternehmens visualisieren (Marlboro-Cowboy). Bildwelten können Marken schnell erfassbar und auf einem Blick erkennbar machen.

Die Kombination macht's!

Durch die individuelle Kombination der vier Elemente Farbe, Logo, Schrifttyp und Bildsprache nehmen Patienten und Kunden Ihr Unternehmen besonders deutlich wahr und erinnern sich an Sie.

*„Farbe" ist das Farb-Prinzip des Corporate Designs der Physio-Praxis Fleiner und Schazmann –
jedes Marketing-Medium hat seine eigene Farbe: Briefbögen sind blau, Terminkarten sind
grün und rot und die Gutscheine leuchten in orange. Die Kombination aus Bild und Wortmarke
ist schlicht, eindeutig und flexibel einsetzbar.*

Das Farb-Prinzip der Printmedien zeigt sich auch in der Praxiseinrichtung: Patienten suchen sich sowohl den Stuhl im Wartezimmer als auch den Behandlungsraum je nach Lieblingsfarbe aus – die Wegweiser an den Praxistüren unterstützen die bewährte Gestaltungs-Idee (S. 17).*

1.1 Visitenkarte

🔳 Ihre Visitenkarte wirkt am besten, wenn Sie lediglich die wichtigsten Informationen darauf unterbringen.

Mit der Visitenkarte möchten Sie Ihren potentiellen Patienten und Kunden einladen, Ihre Praxis zu besuchen und Kontakt zu Ihnen aufzunehmen.

Standardelemente

→ Bezeichnung Ihrer Einrichtung samt Logo
→ Ihr Name oder jeweils der Name Ihrer Mitarbeiter
→ Adresse
→ Telefon und Faxnummer
→ E-Mail-Adresse
→ Website-Adresse

Anfahrtsskizze

Möglicherweise ist auf der Rückseite eine kleine Anfahrtsskizze sinnvoll, die den Weg zu Ihnen beschreibt – per Auto und mit öffentlichen Verkehrsmitteln.

Praxis-Schwerpunkte

Sinnvoll ist in jedem Fall, Ihren Praxis-Schwerpunkt zu nennen. Also beispielsweise „Physiotherapie für Kinder" oder „Physiotherapie bei Rheuma".
Ob sämtliche Angebote und Therapietechniken Ihrer Einrichtung auf Ihre Visitenkarte gehören, sollten Sie sich gut überlegen. Zumal sich Patienten unter „Bobath" oder „Kraniosakrale Therapie" meist nicht viel vorstellen können.
Über Ihre Angebote informieren Sie am besten durch einen Flyer oder Ihre Website (🔳 S. 26 und 30).
Fachliche Qualifikationen und Tätigkeitsschwerpunkte könnten – wenn überhaupt – speziell Ihren Mitarbeitern zugeordnet sein.
Wenn jeder seine eigene Visitenkarte besitzt, demonstriert dies zudem Ihre Souveränität als Praxisinhaber und Ihre Überzeugung von der speziellen Qualität Ihrer Mitarbeiter.

Papier, Form und Farbe

Die Form stärkt den Inhalt: Wählen Sie Papier, das sich angenehm anfühlt und einigermaßen stabil ist. Farbgestaltung und Schrifttyp sollten zum Corporate Design Ihrer Einrichtung passen.
Das übliche Format ist sinnvoll: Es passt in jede Brieftasche oder jedes Etui und verschwindet dort nicht hinter anderen Karten. Wollen Sie sich von den meisten Visitenkarten abheben, dann wählen Sie eine außergewöhnliche Farbgestaltung oder bedrucken die Karte im Hochformat.

Mit vollen Händen austeilen

Teilen Sie bei jeder Gelegenheit mit vollen Händen aus! Ihre Visitenkarte gehört in jede Ihrer Jacken-, Mantel-, Hand- oder Brieftaschen.
Zudem ins Wartezimmer Ihrer Einrichtung (für Freunde und Bekannte Ihrer Patienten) und auf die Schreibtische der Kollegen, der Ärzte, Arzthelferinnen und Einrichtungen, mit denen Sie kooperieren.

Sinnvoll: Visitenkarten im üblichen Format. Denn so passen sie in jedes Etui und verschwinden dort nicht hinter anderen Karten.
Eine gute Idee: „Physio-Atelier" ist auch im Dunkeln zu finden: der gezackte Rand weist spürbar den Weg – auch in den Tiefen einer Handtasche ...

1.2 Briefbogen

Auch mit Ihrem Briefbogen transportieren Sie Ihren Unternehmens-Stil – und damit einen professionellen Eindruck. Gut, wenn Ihre Post in den Ordnern Ihrer Geschäftspartner auffällt und sich überschaubar darstellt.

Standardelemente

→ Bezeichnung Ihrer Einrichtung samt Logo
→ Name des Inhabers samt Berufsbezeichnung, Tätigkeitsschwerpunkte
→ Hausanschrift (Straße und Hausnummer, Postleitzahl und Ort)
→ Kommunikationsverbindungen (Telefon, Fax, E-Mail-Adresse, Mobiltelefon, Internet-Adresse)
→ Bankverbindung (Kreditinstitut, Bankleitzahl, Kontonummer)
→ Steuernummer oder Steuer-Identifizierungs-Nummer
→ Handelsregisternummer (bei GmbH) oder die Partnerschaftsregisternummer (bei Partnerschaftsgesellschaft)

Papier und Farbe

Wählen Sie DIN A 4-Bögen einer gängige Papiersorte, die leicht nachzubestellen ist. Auf weißem Papier hebt sich die Schrift am besten ab, das ist auch gefaxt noch gut zu lesen.
Bedrucken Sie lediglich mit einer oder höchstens zwei Farben, das wirkt besser, als wenn Sie alles verwenden, was der Farbtopf hergibt – und spart Kosten.
Verwenden Sie die Farben Ihrer CI.
❗ Vermeiden Sie blasse Farben, fett Gedrucktes und gerasterte Farbflächen – all dies ist schlecht zu faxen und zu lesen.
Denken Sie auch an Folgeseiten: Dort sollte zumindest das Logo aufgedruckt sein, um die Zuordnung zum Deckblatt sicher zu stellen.

Layout und Schrifttyp

Achten Sie darauf, dass der linke Rand mindestens 2,5 cm breit ist, so dass der Inhalt in Ordnern vollständig lesbar bleibt.
❗ Platzieren Sie unverwechselbare Merkmale, wie Logo und Name der Einrichtung am rechten Rand.
So findet man Ihre Korrespondenz beim Blättern in eingeordneten Briefbögen stets mühelos, denn die rechte Blatthälfte erfasst das Auge am schnellsten.
Verwenden Sie durchgängig einen Schrifttyp und höchstens zwei verschiedene Schriftgrößen. Für den Fließtext bietet sich eine Serifenschrift an, denn an den „Füßchen" am unteren Ende der Buchstaben (Serifen) gleitet das Auge entspannt die Zeile entlang.
(Probieren Sie es aus: Times New Roman ist eine Serifenschrift, Arial dagegen keine). Gefällt Ihnen eine serifenlose Schrift besser, dann erleichtert ein 1,5-facher Zeilenabstand das Lesen.

Briefbogen im PC

Falls Sie viel Post per E-Mail versenden, sollten Sie sich Ihren Briefbogen für den PC einrichten (lassen). Es gibt inzwischen unterschiedliche Software-Angebote, die es erlauben, Texte in eine einmal erstellte Briefbogen-Datei einzufügen. Ihren Brief können Sie dann bequem, zeitsparend und kostengünstig als Anhang an eine E-Mail versenden – beispielsweise als pdf-Datei.

Der einzige Nachteil: Falls der Adressat den Brief ausdruckt, „leiden" die Farben (Farbdrucker) oder sie erscheinen lediglich in Graustufen (Schwarz-Weiß-Drucker).

Praxisgemeinschaften

Hier ist unter haftungsrechtlichen Gesichtspunkten sinnvoll, Briefbögen mit demselben Design individuell zu bedrucken: Name, Tätigkeitsschwerpunkte, Bankverbindung.

Überlegen Sie, ob Sie auf genau diese Elemente auf dem Vordruck verzichten können. Sie lassen sich individuell eingeben.

Das würde Druck-Kosten sparen.

Je weniger Text ein Briefbogen enthält, desto vielseitiger ist er einsetzbar. Persönliche Kontakt-Daten lassen sich individuell eindrucken – je nach Teilhaber oder Mitarbeiter. Denken Sie auch an Folgeseiten – zumindest das Logo sollte dort die Zuordnung zum Deckblatt eines mehrseitigen Schriftstücks gewährleisten.

1.3 Präsentationsmappe

Erweitern Sie Ihren Kundenkreis, indem Sie Unternehmen, Krankenkassen, Senioreneinrichtungen, Schulen oder Sportvereine ansprechen.

Ihre Angebote und Ihr Team präsentieren Sie dann am besten in einer Mappe, die bereits auf den ersten Blick ins Auge fällt.

Diese Präsentationsmappe will Firmenchefs, Schulleiter, Präventionsbeauftragte von Krankenkassen oder Trainer animieren, sich Ihre Angebote zur betrieblichen Prävention, Arbeitsplatzberatung, Work-Life-Balance, Kinderrückenschule oder Sportlerbetreuung näher anzuschauen.

Deutlich werden sollte vor allem, welche (betriebswirtschaftlichen) Vorteile das Unternehmen und welchen individuellen Nutzen jeder einzelne Mitarbeiter haben wird, wenn es Sie engagiert: Gesunde und zufriedene Mitarbeiter, Imagegewinn, …

Form und Design

Auch Ihre Präsentationsmappe gibt das Corporate Design Ihrer Praxis wieder. In der Mappe haben Unterlagen in DIN-A4-Format Platz – jeweils auf dem Briefbogen (☎ S. 12) Ihrer Einrichtung.

Mögliche Inhalte

→ Anschreiben
→ Visitenkarte (☎ S. 10)
→ Vita oder Steckbrief des Praxisinhabers und der Mitarbeiter, die die betriebliche Prävention umsetzen – mit Bild, Aus- und Weiterbildungsweg, Referenzen (Presseartikel, Veröffentlichungen wie Fachartikel, Messeaktivitäten, Lehrtätigkeiten, …)
→ Unternehmensprofil: „Wir über uns" mit Unternehmensphilosophie, USP (☎ S. 22), Erfahrungswerte und Leistungsangebote in Bezug auf die betriebliche Prävention oder Sportlerbetreuung und Einsatz besonderer Methoden und Geräte, …
→ Praxis-Flyer (☎ S. 26)
→ Angebot eines kostenfreien Schnupperkurses
→ Projektplan mit Konzept, möglicherweise beliebig zu kombinierende Bausteine: Information und Motivation der Mitarbeiter (Fragebogenaktion), Arbeitsplatzanalyse, Krankenstandanalyse, ergonomische Arbeitsplatzberatung, Ernährungstipps, betriebliche Gesundheitsförderung, Gruppenangebote, Workout für Mitarbeiter, Work-Life-Balance, Vorträge zu Gesundheitsthemen, Trainingsplan, Bonusangebot, Individuelle Betreuung, Personal-Training, Massage am Arbeitsplatz, Controlling, Gesundheitstipps als Bildschirmschoner, …
→ evtl. Kostenplan

Stellen Sie die Präsentationsmappe ganz individuell zusammen: Neue Patienten und Kunden begrüßen Sie mit einem Gratisgetränk. Geschäftspartner interessieren sich eher für Zertifikate und Referenzen oder Ihre Praxis-Philosophie.
Die Visitenkarte gehört zum Standard. Über einen Notizblock freut sich jeder.

1.4 Terminkarte

Neben den vereinbarten Behandlungsterminen sollten Patienten und Kunden auf einer Terminkarte auch Telefon- und Faxnummer sowie Ihre E-Mailadresse für weitere Terminabsprachen finden.

Klarheit bei Terminabsage

Folgender Hinweis schafft Klarheit: „Bitte informieren Sie uns spätestens 24 Stunden zuvor, falls Sie Ihren Termin nicht einhalten können. Ansonsten müssten wir Ihnen diesen Termin privat in Rechnung stellen."

Zusätzlicher Service

Es bietet sich durchaus an, den Namen des Therapeuten samt seiner Tätigkeitsbereiche oder Zusatzqualifikationen auf der Terminkarte unterzubringen.
Ausländische Patienten wissen es besonders zu schätzen, wenn sie ein Terminkärtchen in ihrer Muttersprache erhalten. Sicher haben Sie in Ihrem Bekannten- und Patientenkreis oder in Ihrem Team Personen, die Sie gerne dabei unterstützen.

Planen Sie Platz ein

Manche Praxen bringen eine Termintabelle auf der Rückseite der Visitenkarte Ihrer Mitarbeiter unter. Überlegen Sie, ob dies wirklich sinnvoll ist. Bedenken Sie, dass mehrere Termine auf Visitenkartenformat zum „Augenpulver" werden können – planen Sie daher lieber mehr Platz ein und wählen Sie eine große Schrift.
Gerade ältere Patienten und Kunden sind dankbar, wenn sie ihre Termine ganz entspannt entziffern können – möglicherweise auf einem Terminplan auf festem Papier im Postkartenformat.
Die Visitenkarte Ihrer Mitarbeiter bieten Sie am besten zusätzlich an.

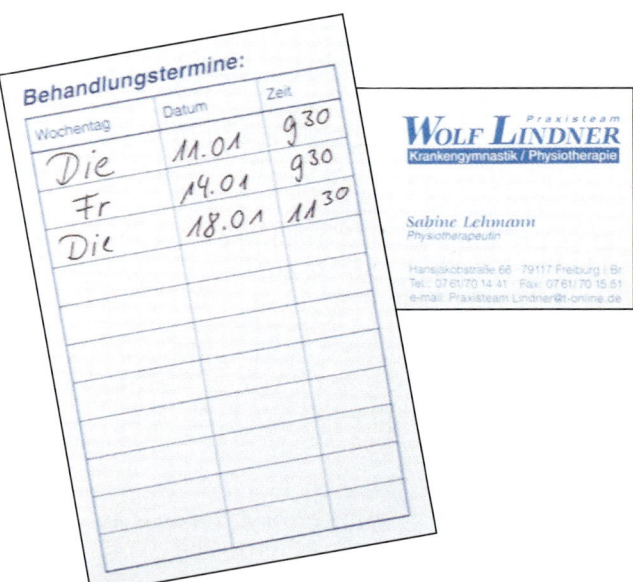

1.5 Türschilder und Wegweiser

Türschilder oder Wegweiser innerhalb Ihrer Einrichtung dienen nicht allein der Orientierung.

Machen Sie damit – ganz nebenbei – auf die Vielfalt Ihrer Angebote aufmerksam:

→ Medizinisches Training
→ Behandlungsraum
→ Arbeitsplatzberatung
→ Fango
→ Inhalation
→ Elektrotherapie
→ Ultraschall
→ Dusche
→ ...

🛈 Schrifttyp und Farbe sollten auch hier an das Corporate Design Ihrer Praxis erinnern.

Falls Sie Symbole verwenden: wählen Sie eindeutige Zeichen!

Das fällt auf: In dieser Praxis sind den Behandlungsräumen Farben zugeordnet. Patienten haben so schnell ihren Lieblingsraum gefunden – ob „blau" oder „violett". Das Prinzip Farbe zeigt sich auch in den Print-Medien dieser Praxis (☞ S. 8).

1.6 Praxisschild

Je plakativer desto besser.

Denn im Vorbeifahren oder Vorbeigehen bleiben wenige große Buchstaben eher hängen als viel Kleingedrucktes.

Das Praxisschild macht vor Ort auf Ihre Einrichtung aufmerksam.

Es soll Passanten über Ihre Existenz informieren und Patienten, die Ihre Einrichtung gezielt suchen, den Weg weisen.

Patienten und Kunden, die bereits Ihre Visitenkarte kennen, finden Ihre Praxis besser, wenn sie sich durch das Praxisschild gleich an diese erinnert fühlen. Auch hier richtet sich die Aufmachung nach dem Corporate Design Ihrer Einrichtung.

Standardelemente – weniger ist mehr!

Der Name Ihrer Einrichtung, Logo, Telefonnummer und Öffnungszeiten, sowie ein Hinweis auf die Schwerpunkte Ihres Angebots reichen aus. (Auf Wirtshausschildern finden Sie ja auch nicht die gesamte Speisekarte ...)

Gestaltung und Beleuchtung

Bei der Gestaltung ist nahezu alles erlaubt: Vom traditionellen weißen Emailleschild mit Edelmetall-Rahmen bis zur Hausbeschriftung in mannshohen Lettern.

Gut, wenn dann auch noch die Beleuchtung stimmt: Ob Spots von außen oder bunte Leuchtreklame. Auch ein Textlight, also ein farbiges Textlaufband kann Passantenblicke auf sich ziehen – doch auch dies sollte zur Corporate Identity passen.

❗ Weithin sichtbar wird Ihre Einrichtung, wenn davor eine Fahne im Wind flattert.
Erkundigen Sie sich zuvor beim Ordnungsamt oder der Gemeindeverwaltung.

Dreidimensionales Praxisschild: Um diesen beleuchteten Kubus im Untergrund des Stuttgarter Hauptbahnhofs kommt man kaum herum.

Corporate Communications

Werbung, Öffentlichkeitsarbeit, Sponsoring

2

Werbung, Öffentlichkeitsarbeit und Sponsoring

Kombinieren Sie verschiedene Bausteine Ihrer Kommunikation – abgeleitet aus einem strategischen Gesamtkonzept. Verbreiten Sie durch Werbung, Öffentlichkeitsarbeit (Public Relations) und Sponsoring stimmige Botschaften vor dem Hintergrund aller Elemente Ihrer Corporate Identity.

Slogan:
Knackig und leicht verständlich

Werben Sie mit einer knackigen, leicht verständlichen Kernbotschaft. Profilieren Sie so Ihr Image und animieren Sie Ihren Kunden zu einem Besuch Ihrer Einrichtung.
Je einfacher und emotionaler Ihr Slogan ist, desto größer ist die Chance, dass er sich einprägt. Beispiele:
→ „Bewegung ist Leben"
→ „Trainieren können Sie überall, bei uns bleiben Sie gesund!"
→ „Physiotherapie – Ihrer Gesundheit zuliebe."
🄳 Ein guter Slogan trifft direkt ins Herz und weckt beim Kunden Sehnsüchte – die allerdings auch erfüllt werden sollten...

Der einzigartige Verkaufsvorteil:
Unique Selling Proposition (USP)

USP – Dieser Marketingbegriff definiert den einzigartigen Verkaufsvorteil, mit dem sich Ihr Angebot vom Wettbewerb abhebt.
Wozu braucht der Gesundheitsmarkt gerade Ihr Angebot? Was ist das Einzigartige Ihrer Einrichtung? Welchen konkreten Vorteil und welchen besonderen Nutzen hat Ihr Kunde von Ihrem Angebot? Was können Sie besonders gut, was machen Sie anders und was können Sie besser als andere?
In verständlichen, knappen Worten zeigt der USP Ihrem Kunden warum gerade Ihr Angebot das Richtige für ihn ist und welchen konkreten Vorteil er hat, wenn er Ihre Einrichtung besucht. Der USP macht deutlich, was Sie anders und besser machen als andere.

Kombinationen wirken dauerhaft
und senken die Kosten

Sponsoring wirkt dauerhaft, wenn Sie es gemeinsam mit anderen Kommunikationsinstrumenten einsetzten: Über Ihre Benefiz-Aktion sollte in der Tageszeitung zu lesen sein. Ihre Werbelinie – samt Slogan – sollte so frisch und freundlich wirken, wie die Ausstrahlung Ihres Teams – an der Rezeption und während der Behandlung.
🄳 Koordinierte Kommunikation hilft zudem Kosten senken, indem Sie beispielsweise bei Anzeigen, Pressemitteilungen, Broschüren und Webdesign auf Kommunikationsbausteine zurückgreifen, die Sie mehrfach verwenden können.

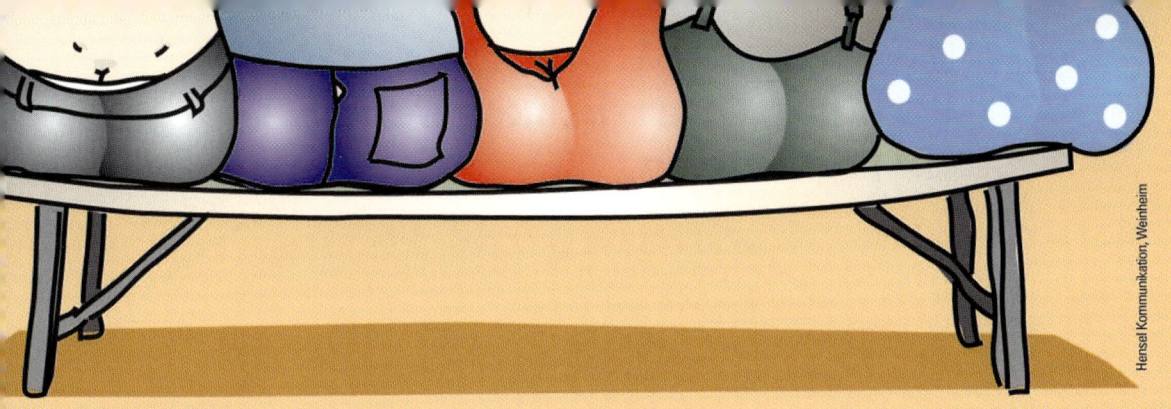

HINTERN HOCH!
DER SOMMER KOMMT.

Wer sich jetzt einen Ruck gibt,

- **spart 85,- Euro und kann 3 Monate lang testen...**
- **schafft vielleicht noch die Bikinifigur...**
- **kommt fit & schön in den Sommer!**

Ist sportec ein Fitness-Studio?

Viel mehr als das. Denn bei sportec werden Sie von ausgebildeten Physiotherapeuten und Sportlehrern betreut. Therapie und Training gehen Hand in Hand. Denn Ihre Gesundheit geht vor!

Trainieren, wenn draußen die Sonne scheint?

Gehen Sie raus mit uns! Jede Woche bieten wir Lauftreff, Radfahren und Fatburner-Inline-skating im Freien an.

Fitness oder Wellness?

Das wichtigste ist, dass Sie sich wohlfühlen. Unser Wellness-Angebot ist riesig. Haben Sie schon einmal eine Ayurveda-Massage probiert?

GROSSE SOMMER-AKTION*
BEI SPORTEC

Wer jetzt startet, spart 85,– Euro!*
Anmeldeschluss 1. Juli 2004

Lange Sommer-Samstage
11 – 18 Uhr geöffnet, Therapie & Training, Kosmetik, Kinderbetreuung

Outdoor-Angebote inclusive
z. B. Lauftreff, Radfahren, Inliner-Fatburner

Indoor-Angebote inclusive
z. B. Spinning, Aqua-Jogging, Rückenschule und vieles mehr

Wellness-Angebote
z. B. Ayurveda, Sauna, Ernährungsberatung, Meditation, Kosmetik, Fußpflege

* 3 Monate lang testen und € 85,– sparen! Nutzen Sie 3 Monate lang alle Inclusive-Angebote - mit Fitness-Check beim Start und nach 3 Monaten - für €159,- Anmeldung bis 1.7.2004

sportec

Hopfenstraße 4
69 469 Weinheim
Tel: 06 201/ 25 80 60
Fax: 06 201/ 25 80 610
www.sportec.de

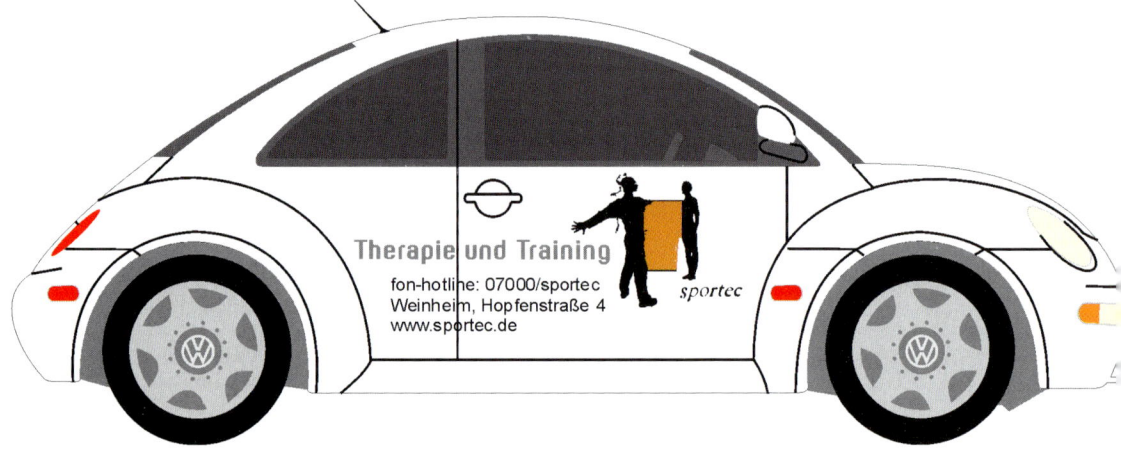

Therapie und Training – ganz individuell! sportec setzt für seinen Praxiswagen hier eine
Sonderfarbe ein – und das fällt aus dem Rahmen.

Auf die Heckseite gehört neben dem Logo und dem Slogan vor allem die Telefonnummer.

2.1 Praxis-Flyer

Ihre Praxis-Flyer sollen gleich auf den ersten Blick zum Zugreifen animieren.

Dies erreichen Sie vor allem durch Farben und Bilder, die Emotionen ansprechen. Auf die Titelseite gehört daher „viel Bild und wenig Text" – und natürlich die Unverwechselbarkeit Ihres Corporate Designs – möglicherweise Ihr Slogan.

Bilder von Gesichtern sprechen die meisten Menschen besonders an. Setzen Sie daher Porträts Ihres Teams ein, verbunden mit kurzen Informationen über die jeweiligen Arbeitsschwerpunkte. Dies steigert im Übrigen auch die Motivation Ihrer Mitarbeiter, die sich auf diese Weise noch mehr mit Ihrer Einrichtung identifizieren.

▮ Nehmen Sie die Hilfe von erfahrenen Werbeagenturen in Anspruch. Doch Ihre Vorarbeit lohnt sich: Je konkreter Ihre Vorstellungen, Texte und Bilder sind, desto stimmiger wird Ihr Flyer – und zudem kostengünstiger.

Standardelemente

Im Flyer dürfen die wichtigen Fakten nicht fehlen: Telefonnummer und Öffnungszeiten, Adresse samt Anfahrtsskizze, E-Mail- und Website-Adresse.

Einzigartige Merkmale

Die einzigartigen, unverwechselbaren Merkmale, die Ihre Praxis von relevanten „Mitbewerbern" – also Konkurrenten – unterscheidet, sollten Sie im Praxis-Flyer besonders hervorheben: Dazu gehören Elemente der Praxisphilosophie, Ihr Schwerpunkt, eine besondere Ausstattung, ungewöhnliche Öffnungszeiten, die besonders gute Erreichbarkeit, die Kooperation mit anderen Unternehmen oder Institutionen (Sportverein, Kindergarten, Grundschule, Volkshochschule, …).

Die Wirkung Ihres Angebots vermitteln

Vermitteln Sie den Nutzen, das Ziel und die Wirkung Ihrer Angebote – sowohl der therapeutischen als auch der präventiven (Wellness, Fitness, Beratung).

Stellen Sie heraus, dass Sie sich Zeit nehmen und den ganzen Menschen im Blick haben. Vielleicht schreiben Sie auch kurz, inwiefern Ihre Kunden von der Erfahrung und dem Einfühlungsvermögen Ihres Teams profitieren können.

Stellen Sie Ihre Schwerpunkte heraus – beispielsweise die Spezialisierung auf bestimmte Zielgruppen. Schreiben Sie wenig über Krankheitssymptome und Techniken.

▮ Jeder sollte Ihre Texte verstehen, vermeiden Sie daher Abkürzungen (PNF, FBL, …) und Fachbegriffe (Quadrizepstraining, Inkontinenz). Zumindest sollten Sie sie erklären.

Verwenden Sie anschauliche Bilder und lebendige Beispiele aus dem Alltag. Das könnte folgendermaßen aussehen:

→ Hilfe zur Selbsthilfe: Nach einem Schlaganfall trainieren Sie bei uns, bald wieder selbstständig in Küche und Bad zurecht zu kommen. (Ob die Technik „Bobath" oder „PNF" heißt, interessiert erst auf den zweiten Blick)

→ Wir sorgen dafür, dass Sie den Kopf wieder schmerzfrei drehen und Ihr Auto mühelos einparken können. (Dass das „Gelenkspiel in der HWS verbessert" wurde, klingt für Laien sehr abstrakt)

→ Mehr Lebensqualität an Ihrem Arbeitsplatz? – Wir beraten Sie gerne individuell (◐ S. 14 Präsentationsmappe).

Weitere Tipps für Texte im Anhang.

Bei neuen Patienten kommt es gut an, wenn sie den Flyer per Post erhalten – verbunden mit einer freundlichen Bestätigung der zuvor telefonisch vereinbarten Termine.

Papier, Format und Farbe

Wählen Sie Papier, das sich angenehm anfühlt und einigermaßen stabil ist – bedenken Sie die Portokosten, falls Sie den Flyer versenden möchten. Ob Hochglanz oder eine matte strukturierte Papieroberfläche, ist Geschmacksache. Überlegen Sie auch hierbei, was besser zum Stil der Einrichtung passt.

Zum Format: Bewährt haben sich Leporellos, also Din-A-4-Querformat, zweimal zum Zickzack gefaltet oder als „Wickel" ineinander geschlagen – das ergibt dann sechs Flyer-Flächen, jeweils im DIN-lang-Format. Besondere Formate fallen auf, kosten allerdings mehr Porto und die Herstellung ist möglicherweise teurer.

Achten Sie darauf, dass Farbgestaltung und Schrifttyp (nicht mehr als zwei verschiedene!) zum Corporate Design Ihrer Einrichtung passen (☎ S. 6). Falls Sie Kosten sparen wollen: gestalten Sie die Umschlagseiten mehrfarbig und beschränken Sie sich im Innenteil auf eine oder zwei Farben.

Schriftart und Schriftgröße

Für Überschriften eignen sich klare, leicht lesbare Schrifttypen, wie Arial oder Helvetica. Für den Fließtext empfiehlt sich eine Schrift wie Times, mit Serifen. Das sind die Füßchen am unteren Buchstabenrand, die dem Auge helfen, in der Zeile zu bleiben.

Für die Überschriften eignet sich eine Schriftgröße von etwa 14–20 pt

Der Text selbst ist mit 11 pt bequem lesbar, 8 pt empfindet man bereits als „Augenpulver" Verwenden Sie linksbündigen Flattersatz, denn beim Blocksatz müssen Sie mit unterschiedlichen Wortabständen rechnen, das wirkt leicht unruhig und löchrig.

Bildunterschriften sollten etwas kleiner sein als der Text: etwa 10 pt.

Profi-Fotos lohnen sich

Für professionelle Fotos reicht es nicht aus, eine „gute Kamera" zu besitzen. Engagieren Sie einen Fotografen für Porträts Ihres Teams und Bilder aus dem Praxisleben.

Gute Fotos sind scharf, ausreichend beleuchtet und haben eine Auflösung von mindestens 300 dpi. Und sie spiegeln eine Atmosphäre wieder – die Team-Porträts sollten allerdings nicht „zu privat" wirken, sondern professionell im sympathischen Sinn.

Wohin mit dem Flyer?

Mit Ihrem Praxis-Flyer möchten Sie potentielle Patienten und Kunden motivieren, sich für Ihre Einrichtung zu entscheiden – egal, ob mit Rezept oder ohne.

Für Gruppenangebote können sich Kunden auf einem Coupon anmelden, der in den Flyer integriert sein könnte.

Diejenigen Patienten, die von Ihren Angeboten bereits profitieren konnten, kann der Flyer noch stärker an Ihre Praxis und die Mitarbeiter binden.

Legen Sie Ihren Flyer an der Rezeption und im Wartezimmer aus. Verteilen Sie ihn an Gesundheitstagen oder Straßenfesten und an Ärzte, Apotheken, Vereine und Selbsthilfegruppen, mit denen Sie zusammenarbeiten.

Möglicherweise bieten Sie den Flyer-Stapel gleich im Ständer an.

🚹 Bei neuen Patienten kommt es gut an, wenn Sie den Flyer per Post erhalten, verbunden mit einer freundlichen Bestätigung der zuvor telefonisch vereinbarten Termine.

Was werberechtlich erlaubt ist, lesen Sie im Anhang.

Lesen Sie auch dort „Tipps für Texte".

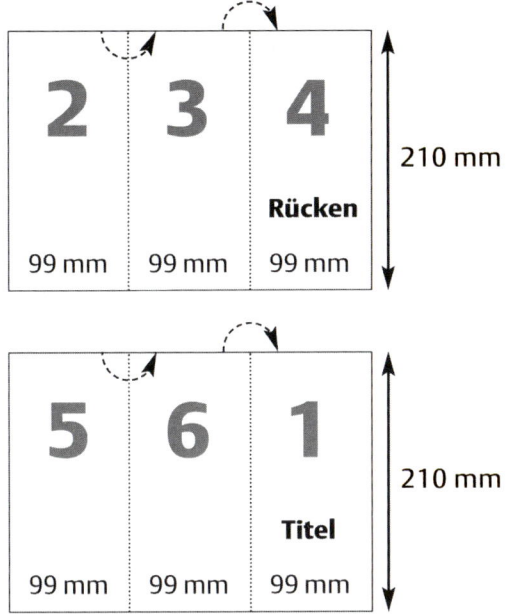

2	3	4
		Rücken
99 mm	99 mm	99 mm

210 mm

5	6	1
		Titel
99 mm	99 mm	99 mm

210 mm

2.2 Homepage

Die Homepage zählt längst zum Standard des Praxismarketings. Denn das „Netz" ist auch für den Gesundheitssektor zur Informationsquelle Nummer eins geworden.

■ Übersichtliche, rein informative Seiten mit kurzen Ladezeiten und ohne viel Schnickschnack haben die besten Chancen, im Internet positiv wahrgenommen zu werden.

Den Kunden im Auge haben

Bei der Konzeption ihrer Website sollten Sie den Patienten und Kunden im Auge haben. Machen Sie zunächst deutlich, was der Besucher davon hat, Ihre Website regelmäßig zu besuchen (☎ S. 32).

Und sprechen Sie medizinische Laien an – kein medizinisches Fachpublikum. Zeigen und beschreiben Sie den positiven Effekt Ihrer Angebote. Menschen mit freundlich entspanntem Gesichtsausdruck wirken überzeugender als ein einsamer Zugapparat im Halbdunkel.

Klare Gestaltung bringt den Durchblick

Eine klare Struktur erkennt man bereits an der Navigationsleiste, dem Inhaltsüberblick Ihrer Homepage. Sie sollte auf allen Unterseiten jeweils am selben Ort zu finden sein – beispielsweise am oberen oder am linken Bildschirmrand.

Besucher klicken dort die Rubrik an, die sie besonders interessiert. Zum Beispiel:
→ Home (Startseite),
→ Über uns,
→ Kontakt,
→ Unser Angebot,
→ Tipp der Woche,
→ Links,
→ Impressum.

Fünf bis zehn Rubriken sind noch bequem zu überblicken – so bleibt Ihre Website übersichtlich. Strukturieren Sie Ihre Texte gut, denn dies ist die Voraussetzung für eine klare Gesamtgestaltung.

Startseite „Herzlich Willkommen"

Für die Startseite gilt ähnliches wie für die Titelseite eines Praxis-Flyers: Sie sollte gleich auf den ersten Blick zum Surfen animieren.

Dies erreichen Sie vor allem durch eine klare Gestaltung, angenehme, nicht zu grelle Farben und professionelle Bilder. Auch lässt die Homepage unverwechselbar Ihr Corporate Design erkennen: Ihr Logo, aber auch ein Foto des Eingangsbereichs Ihrer Praxis, das Praxisschild oder Ihr Slogan machen sich dort gut.

Enorm wichtig: Die Startseite sollte auf Anhieb zu sehen sein, sich also flott aufbauen – lange „Intros" und aufwändige Bilder rauben dem Besucher unnötig Zeit – wie schnell hat er es sich anders überlegt und surft woanders weiter.

■ Auf blinkende, hüpfende Null-acht-fuffzehn-Icons verzichten Sie am besten ganz! Sie wirken schnell ein bisschen unprofessionell und handgestrickt.

Buttons (zum Anklicken) sollten vor allem schnell und gut lesbar sein. Hintergrundstrukturen sind meist störend. Ein gleichmäßig farbiger Hintergrund reicht völlig aus.

Die klare Struktur dieser Website zieht sich durch sämtliche Unterseiten.

Mögliche Unterseiten

Über uns

Bilder von Gesichtern sprechen die meisten Menschen besonders an. Setzen Sie daher (professionelle) Team-Porträts ein, verbunden mit kurzen Informationen über die jeweiligen Arbeitsschwerpunkte, die sinnvollerweise mit den Texten der Rubrik „unser Angebot" verlinkt sind.

Die einzigartigen, unverwechselbaren Merkmale, die Ihre Praxis von relevanten Mitbewerbern, also von der Konkurrenz unterscheidet, sollten Sie hier besonders hervorheben:

Die Praxisphilosophie, Ihr Schwerpunkt, eine besondere Ausstattung, ungewöhnliche Öffnungszeiten, die besonders gute Erreichbarkeit, die Kooperation mit anderen Unternehmen oder Institutionen (Sportverein, Kindergarten, Grundschule, …).

Vorsicht übrigens mit so genannten „Gästebüchern". Denn damit können Sie das Gebot der „sachlichen Werbung" verletzen – sofern dankbare Patienten dort anerkennende Worte über Ihre Einrichtung platzieren.

Mehr zum Werberecht im Anhang.

Kontakt

Diese Rubrik ist quasi die Visitenkarte im Netz – mit dem Namen Ihrer Einrichtung, der Telefonnummer, der Anschrift und der E-Mail-Adresse (als Link!).

Auch die Öffnungszeiten können Sie hier unterbringen und eine Wegbeschreibung – sowohl für Kunden mit Auto, als auch solche, die mit öffentlichen Verkehrsmitteln unterwegs sind (Fragen Sie beim Verlag nach, ob Sie den Kartenausschnitt verwenden dürfen).

Manche Kunden mögen online-Terminbuchung oder „Kontaktformulare", in die sie ihren Namen, die Telefonnummer, E-Mailadresse, sowie ihr Anliegen eintragen und das Ganze per Mausklick versenden können.

Achtung: E-Mails wollen tagesaktuell beantwortet werden. Unbeantwortete E-Mails schaden dem Praxis-Image.

Unser Angebot

Vermitteln Sie den Nutzen, das Ziel und die Wirkung Ihrer Angebote – sowohl der therapeutischen als auch der präventiven (Wellness, Fitness, Beratung) (☎ S. 74).

Verwenden Sie anschauliche Bilder und lebendige Beispiele aus dem Alltag. Das könnte im Text folgendermaßen aussehen:

> · *Gesundes Training: Nach einer Herzoperation werden Sie bald wieder mühelos Treppen steigen. (das ist konkreter, als das Ziel „mehr Ausdauer")*
> · *Menschen mit Blasen-Problemen bekommen wieder Mut und fassen Vertrauen in ihren Körper. (Dass dann die „Funktion der Beckenbodenmuskulatur verbessert" ist, ist für den Laien zweitrangig).*
> · *Lauftraining …*

Mehr Tipps für Texte im Anhang – und bei „Praxis-Flyer" auf S. 26.

Wenn es Ihnen wichtig erscheint: Beschreiben Sie kurz Ihre Behandlungstechniken – oder verlinken Sie direkt zur entsprechenden Unterseite der Homepage Ihres Berufsverbands.

Verzichten Sie auf die Beschreibung von Krankheitsursachen und die Abbildung von Symptomen – verlinken Sie lieber zu den entsprechenden medizinischen Seiten.

Übrigens: Die Devise „wenig Text" gilt fürs Netz besonders. Denn kaum jemand liest gerne lange Texte am Bildschirm. Es sei denn, er lädt sie sich herunter und druckt sie sich aus – dazu eignen sich besonders pdf-Dateien – möglichst ohne Bilder und Grafiken, denn diese verbrauchen unnötig viel Druckerfarbe.

Tipp der Woche

Wöchentliche Gesundheitstipps sind ein schöner Service für eine therapeutische Einrichtung. Doch diese Rubrik sollten Sie tatsächlich nur dann anbieten, wenn Sie in der Lage sind, sie regelmäßig zu „pflegen", sprich: zu aktualisieren.

🛈 Falls Sie sich den Service „Tipp der Woche" leisten, dann können Sie diese Rubrik auch gleich für einen Newsletter [☞ S. 34] oder Ihr Patientenmagazin [☞ S. 34] nutzen.

E-Mails als Werbeträger

Geben Sie Ihren Slogan oder aktuelle Angebote in die Begrüßungszeile oder die Fußzeile Ihres E-Mail-Programms ein. Zum Beispiel: „Jetzt Bonuspunkte für die Krankenversicherung sammeln: mit unseren Kursen, Abos und Zehnerkarten."

Links

Das Internet lebt durch die Vernetzung. Insofern ist die Linksammlung ein willkommener Service für die Besucher Ihrer Website. Der Vorteil: Sie können sich auf die Schwerpunkte Ihrer Praxis konzentrieren und verweisen auf externe Infos. Beispielsweise auf Ihren Berufsverband (www.physio-verband.de …), auf Selbsthilfegruppen (www.rheuma-liga.de, …), gesundheitspolitische Infos (www.bmgs.bund.de, …) oder den Heilmittelkatalog (www.heilmittelkatalog.de).

Impressum

Hier bringen Sie am besten die Informationen unter, die laut Teledienstgesetz auf Ihrer Homepage nicht fehlen dürfen: Name und Anschrift, E-Mailadresse, Berufsbezeichnung samt Land, in dem Sie die PT-Ausbildung erworben haben. Ihre Steuernummer oder Steuer-Identifizierungsnummer, sowie die Angabe des Partnerschaftsregisters oder des Handelsregisters.

🛈 Sorgen Sie dafür, dass User über Suchmaschinen Ihre Seite finden – unter möglichst vielen verschiedenen Stichworten.

Richtlinien für Gesundheitsseiten im Netz gibt es z.B. bei der Health On the Net Foundation (HON): www.hon.ch/HONcode/German/

Barrierefreie Homepage

Wenn Ihre Praxisräume für Rollstuhlfahrer gut erreichbar sind, sollte sich auch Ihre Homepage möglichst barrierefrei präsentieren. Denn das Internet ist für Menschen mit Behinderungen zum wichtigsten Informationsmedium geworden.

Barrierefreie Seiten ermöglichen etwa Menschen mit Sehbehinderungen, die Texte mit Hilfe einer Braille-Zeile oder mittels eines Vorleseprogramms abzurufen.

Besucher mit motorischen Einschränkungen greifen lieber zur Tastatur als zur Maus – auch dies lässt sich bei der Gestaltung einer Homepage berücksichtigen. Auf blinkende Animationen sollten Sie unbedingt verzichten, denn für Epileptiker könnten sie zum Problem werden.

Richtlinien für barrierefreie Webinhalte gibt es unter

→ www.w3c.de/trans/wAi/webinhalt.html,
→ www.abi-projekt.de,
→ www.wob11.de,
→ www.webforall-heidelberg.de.

2.3 Newsletter, Patientenmagazin

Pflegen Sie auch außerhalb der Behandlung den Kontakt zu Ihren (ehemaligen) Patienten und Kunden: Mit einem regelmäßigen Newsletter. Möglicherweise gewinnen Sie auch neue Zielgruppen.

Mit kurzen, leicht zu lesenden Texten informieren Sie so über Gesundheitsthemen und Aktuelles aus der Physiotherapie.

Themen

→ Neue Erkenntnisse über Physiotherapie, Training und Fitness, Entspannung und Stress-bewältigung, gesunde Ernährung, …

→ Jahreszeitliche Tipps: Wie schwer darf ein Schulranzen sein? Was hilft gegen kalte Füße? Worauf sollte man beim Joggen oder Schifahren achten? Wie bleibt man am Schreibtisch fit? Gesunde Kost an heißen Tagen?

→ „Steckbrief" einer neuen Kollegin

→ Informationen über spezielle Therapieformen

→ Gesundheitspolitische Informationen

→ Adressen von Selbsthilfegruppen

→ Buchtipps – für Sie gelesen!

→ Information über Veranstaltungen, Sonderaktionen in Ihrer Einrichtung

→ Information über Sonderangebote und sonstige Preise

Themenideen ergeben sich oft aus dem Praxisalltag im Gespräch mit Patienten und Kunden.

Zudem finden Sie Informationen zur Gesundheit in Tageszeitungen und Magazinen, sowie im Internet – auf den Seiten der Berufsverbände und auf anderen Gesundheitsseiten. Geben Sie einfach entsprechende Stichworte in Suchmaschinen ein. Vergessen Sie aber nicht, die Quelle anzugeben, falls Sie nicht nur das Thema sondern gleich komplette Textbausteine übernehmen.

Newsletter als Kundenmagazin

Mit etwas Übung können Sie aus den Newsletter-Texten am PC auch ein Patienten- und Kunden-Magazin erstellen – im Corporate Design Ihres Unternehmens – versteht sich – und mit vielen Bildern und Illustrationen.

→ Sprechen Sie Ihre Leserinnen und Leser zunächst in einem „Editorial" persönlich an – mit Foto und Unterschrift.

→ Verwenden Sie unterschiedliche Textformen: Berichte zu wissenschaftlichen Studien, Interviews, Leserbriefe, Termintipps, kurze Meldungen, Erfahrungsberichte, …

Wohin mit dem Newsletter?

Einen besonders hohen Marketing-Effekt erzielen Sie, wenn Sie Ihr Patientenmagazin gezielt per Post oder als Newsletter per E-Mail regelmäßig versenden – an aktuelle und ehemalige Kunden und Patienten und an Kooperationspartner.

❗ Zudem sollte Ihr Newsletter auf der Praxishomepage herunter zu laden sein.

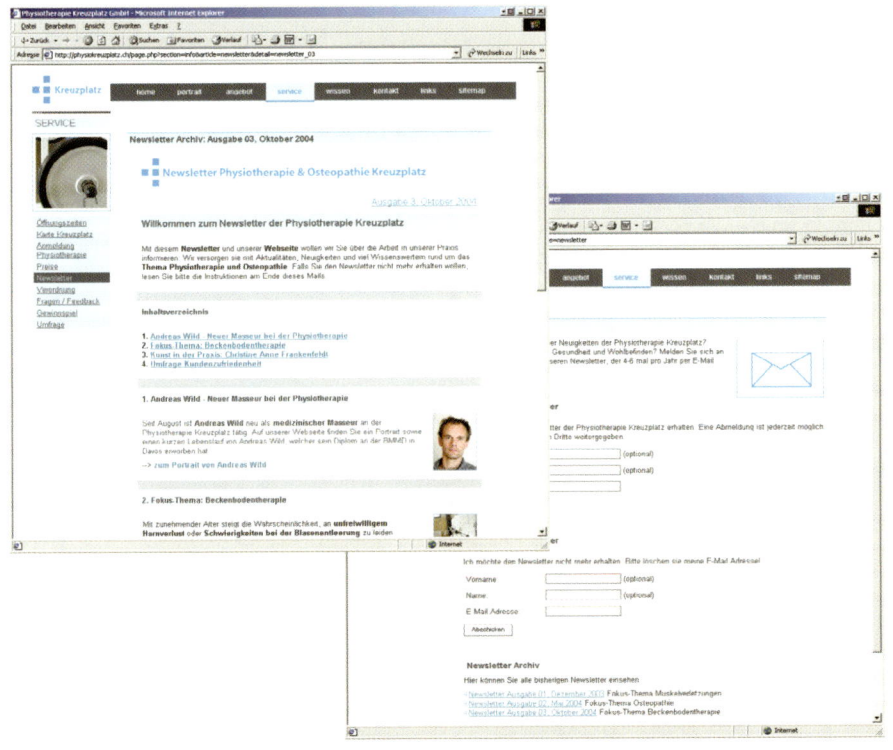

2.4 Pressemitteilung

Das Aktuellste und Interessanteste hat die größte Chance bei den Medien.
Funk, Fernsehen und Printmedien bringen am ehesten Themen, die möglichst viele Leser und Zuschauer interessieren. Sprechen Sie mit Ihrer Pressemitteilung daher ein breites Publikum an.

Gefragt sind Fakten

Je klarer, verständlicher und anschaulicher Ihr Text, desto größer die Chance, von den Zeitungsmachern beachtet und umgesetzt zu werden.
Denn aus professionellen Pressemitteilungen entstehen besonders gute Artikel.
Eine Medienmitteilung ist demnach kein Werbetext, sie soll vielmehr als Basis für einen redaktionellen Artikel dienen. Der Vorteil gegenüber Anzeigen und Werbespots: Redaktionelle Meldungen oder Berichte wirken seriöser.
Gefragt sind Fakten. Vermeiden Sie in Pressemitteilungen daher Superlative, schwulstige Anpreisungen oder gar Anschuldigungen und Kommentierungen.
▪ Kleiden Sie Ihre Informationen in eine reale Geschichte.

Form

Gestalten Sie Ihre Pressemitteilung immer auf DIN-A4-Firmenpapier mit dem Vermerk „Presse-Info" oder „Pressemitteilung". Gestalten Sie übersichtlich, möglichst auf einer Seite, mit eineinhalbfachem Zeilenabstand und breitem Rand.
Gliedern Sie den Text in Titel, Vorspann und einen Haupttext samt Zwischentiteln.
Geben Sie für Rückfragen einen Ansprechpartner an – möglichst mit Telefon-Direktwahl und E-Mail-Adresse.

Aufbau und Inhalt

→ Der Titel soll in Sekundenschnelle sagen, worum es geht. Er sollte neugierig machen und zum Lesen anreizen. Verwenden Sie Worte mit wenigen Silben.

→ Der Vorspann (auch Lead genannt) wird durch fett Gedrucktes und Abstand von Haupttext grafisch hervorgehoben. Er gibt Antwort auf die wichtigsten Fragen:

▪ Wer? Was? Wo? Wann? Wie? Warum?

Nennen Sie das Allerwichtigste zuerst – bilden Sie kurze Sätze.

Falls Sie eine Veranstaltung ankündigen: Im Verlauf des Vorspanns werden die Fakten immer unwichtiger, so dass der Vorspann von hinten gekürzt werden könnte und auch als kurze Meldung oder Ankündigung im Veranstaltungskalender zu gebrauchen ist.

Kurz und prägnant setzen Sie die Redakteure ins Bild – sie sollten die Meldung unverändert übernehmen können.

Falls Sie allgemein zu Physiotherapie oder Prävention informieren: Steigen Sie ansprechend in das Thema ein: „Sport und Bewegung machen Spaß, …" (☎ S. 74).

→ Der Haupttext (auch Fließtext genannt) bringt Argumente, Erläuterungen, Einzelheiten – vielleicht in eine Story gekleidet (☎ Anhang)

▪ Geben Sie Personen stets mit Vor-, Nachnamen und Funktion an. Also: „Anna Meier, leitende Physiotherapeutin". (Kein „Herr X", keine „Frau X", nicht „A. Meier")

Anlässe nutzen!

Warten Sie nicht, bis Journalisten bei Ihnen „anklopfen". Werden Sie aktiv und schaffen Sie Projekte, nutzen Sie Anlässe.

→ Gutscheinaktion, Weihnachtsaktion der Tageszeitung, Sportereignisse, Jubiläen …

→ Therapietage (☎ nächste Seite), Vorträge, Tag der offenen Tür, Vernissage

→ Kooperation mit anderen Organisationen (Volkshochschule, Bündnis Gesundheit, Sportverband, Selbsthilfegruppen, andere Heilmittelverbände, o. ä.)

→ Neue Dienstleistungsangebote, z. B. Handzettel, in dem alle Rückenschulgruppen der Stadt angeboten werden

→ Politische Anlässe: Stellungnahmen zu gesundheitspolitischen Themen

→ Serien und Sonderseiten zum Thema Gesundheit, Fitness, Wellness, Alter, Bewusstsein, Körper, Body und Soul. Sonderseiten bestehen meist aus einem redaktionellen und einem Anzeigenteil.

Wohin mit der Presse-Info?

Damit Ihre Texte tatsächlich beim zuständigen Redakteur ankommen, erkundigen Sie sich am besten bei der Zentrale nach der Durchwahl für Faxnummern oder E-Mail-Adressen.

Dort erfahren Sie auch, wann Redaktionsschluss für welche Ausgabe ist. Versenden Sie Ihre Pressemitteilung etwa 10 Tage vor Redaktionsschluss per Fax und per E-Mail.

🛑 Achtung: Zu früh verschickte Presse-Infos geraten leicht in Vergessenheit!

Bringen Sie sich in Erinnerung: Rufen Sie zwei oder drei Tage später in der Redaktion an und bieten nähere Infos an. Persönliche Kontakte zu den Vertretern der Lokal- und Regionalmedien erhöhen den Erfolg Ihrer Pressearbeit.

🛑 Veröffentlichen Sie die Pressemitteilung auch auf Ihrer Internetseite – zum Herauskopieren.

37

Denken Sie auch bei der Pressearbeit an die Zielgruppen: Überlegen Sie sich daher gut, in welchen Medien Ihre Pressemitteilung am ehesten ankommt und bei welcher Zeitung Ihre Anzeige die meisten Kunden erreicht.

2.5 Anzeigen

Professionell gestaltete Anzeigen wecken Aufmerksamkeit und „verankern" Ihre Praxis im Kopf des Anzeigenlesers. Sie wollen an Ihre Praxis erinnern oder dazu bewegen, erstmals Kontakt aufzunehmen.

▪ Schalten Sie Ihre Anzeige gezielt (S. 39).

Gesundheitsaktionen Ihrer regionalen Tageszeitung

Zeitungen oder regionale Therapiehandbücher eignen sich gut für Anzeigen – oder auch die Hauszeitung einer Seniorenanlage und die Clubzeitung des Sportvereins.
Jede Tageszeitung bietet turnusmäßig Sonderseiten mit Anzeigen und redaktionellen Artikeln zu speziellen Themen an. „Gesund im Alter" würde sich beispielsweise gut anbieten, um auf Ihre Präventionsangebote für ältere Menschen aufmerksam zu machen.

Ein Blickfang, der sich vom Umfeld abhebt

Eine Anzeige kommt selten allein – Ihre sollte daher Aufmerksamkeit erregen und sich vom Umfeld abheben. Packen Sie nicht zuviel hinein, das schreckt eher ab.

▪ Mit einem ungewöhnlichen Format – einer runden oder dreieckigen Anzeige – schaffen Sie Weißraum, denn die Verlage bieten Ihnen ausschließlich rechteckige Anzeigenformate an. Weißraum zieht Blicke auf sich und hält andere Anzeigen auf Distanz.

Ein Blickfang sind farbige Anzeigen – wählen Sie auch hierfür ganz gezielt die Hausfarbe Ihrer Corporate Identity – diese Mehr-Investition lohnt sich meist.
Text sollten Sie nur sparsam einsetzen – überladen Sie Ihre Anzeige nicht mit der Aufzählung von Therapiemethoden

Konkretes Angebot aktiviert potenzielle Kunden

▪ Bieten Sie etwas an oder sagen Sie etwas aus: Ein Motto oder ein knapper Gesundheitstipp, passend zur Jahreszeit, verbunden mit einem Coupon, den man in Ihrer Praxis einlösen kann, aktiviert die Anzeigenleser zur Kontaktaufnahme.

Formulieren Sie immer sachlich, um Seriosität zu vermitteln und nennen Sie Ihre Adresse, Telefonnummer und Website.

Wie oft und wo platziert?

Schalten Sie Anzeigen mehrmals hintereinander – die Wiederholung wirkt.
Falls Sie die Wahl haben: Rechte Seiten in Zeitungen und Zeitschriften fallen eher ins Auge als linke – sie sind daher manchmal teurer. Genauso ist es mit dem rechten oberen Viertel einer Seite: Artikel oder Anzeigen, die dort platziert sind, werden erfahrungsgemäß eher wahrgenommen als andere.

Anzeigen im Telefonbuch

Anzeigen im Telefon- und Branchenbuch oder einem regionalen Therapiehandbuch fallen gegenüber dünn gedruckten Standard-Einträgen aus dem Rahmen. Hierfür reicht es jedoch meist aus, den Namen Ihrer Einrichtung, die Post- und Mail-Adresse, sowie die Telefonnummer etwas fetter drucken zu lassen und evtl. mit einem Rahmen zu versehen.
Schalten Sie mehrere Einträge an unterschiedlichen Stellen des Alphabeths, damit man sie rasch findet: unter K wie Krankengymnastik, unter P wie Physiotherapie und unter dem Anfangsbuchstaben Ihres Namens.

Diese Anzeige wirkt wie ein redaktioneller Artikel – hier darf es ausnahmsweise mal mehr Text sein.

2.6 Poster

Ein Poster informiert plakativ über die Schwerpunkte Ihrer Einrichtung oder präsentiert das Ergebnis einer Fallstudie aus Ihrem Praxisalltag.

Was auf medizinischen Kongressen als Form der Veröffentlichung dient, informiert im Wartezimmer Ihrer Einrichtung Patienten und Kunden über die Professionalität Ihrer Arbeit.

Auf der Fläche von einem Quadratmeter zeigen Sie, wie sorgfältig Sie Ihre Behandlungen planen und dokumentieren.

🚹 Der erste optische Eindruck des Posters entscheidet, ob es Interesse weckt oder nicht. Professionelle Gestaltung und gute Papier- und Druckqualität zahlen sich daher unbedingt aus. Mithilfe von benutzerfreundlicher Software lassen sich Poster heute auf dem Bildschirm leicht selbst erstellen.

Aufbau

Zunächst nehmen Sie am besten ein Blatt Papier und einen Bleistift zur Hand. Fertigen Sie eine grobe Skizze Ihres Posters, indem Sie die Fläche zunächst in einen Titelbereich oben, und einen mehrspaltigen Hauptbereich einteilen.

🚹 Grundsätzlich sollten Sie etwa die Hälfte der Fläche mit Bildmaterial füllen. Dafür eignen sich Fotos, Grafiken und Diagramme.

Der Titelbereich geht über die ganze Posterbreite. Hier sollten Sie neben dem Titel die Autorennamen, sowie die Bezeichnung und das Logo Ihrer Einrichtung unterbringen. Die meisten Poster sind hochformatig und im Hauptbereich in zwei Spalten aufgeteilt.

Struktur

Die Struktur eines wissenschaftlichen Posters orientiert sich an der Gliederung eines wissenschaftlichen Fachartikels:

→ Titel: Ein knapper Titel mit kurzen treffenden Worten zeigt in Sekundenschnelle, worum es geht und sollte neugierig machen.
  Vorsicht: Allzu reißerische Titel könnten „unseriös" wirken.
→ Einführung: Führen Sie hier kurz in das Thema und die Fragestellung der Arbeit ein.
→ Material und Methode: Hier könnte beispielsweise ein Foto des Versuchsaufbaus mit einer anschaulichen Bildunterschrift darüber informieren, welches Studiendesign, welche Apparate und Messmethoden Sie genutzt haben.
→ Ergebnisse: In einem kurzen Text stellen Sie die Ergebnisse Ihrer Studie vor – möglicherweise unterstützt durch ein Balken- oder Tortendiagramm (Tabellen sind auf Postern optisch eher ungünstig).
→ Schlussfolgerung: Die Schlussfolgerung sollte stichwortartig oder in prägnanten, kurzen Sätzen das Ergebnis Ihrer Studie präsentieren.
→ Literaturangaben: Die Literaturangaben haben am unteren Rand ihres Posters Platz – klein gedruckt. Die drei oder vier wichtigsten Angaben reichen.

Hintergrundgestaltung

Ihr Poster soll sich optisch von der Umgebung abheben. Gestalten Sie daher auch den Posterhintergrund ganz bewusst. Möglich ist eine durchgehende Vollfarbe, ein Farbverlauf, ein Muster oder ein Foto.

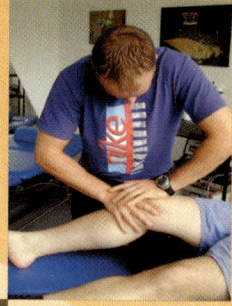

Die Vor- und Nachteile sollten Sie jedoch sorgsam abwägen. Eine kräftige Hintergrundfarbe, Muster und Fotos ziehen zwar von weitem Blicke auf sich, sie können aus der Nähe betrachtet jedoch beim Lesen stören.

Erfahrungsgemäß eignen sich transparent wirkende Pastellfarben oder Farbverläufe (zum Beispiel von unten mittelblau nach oben hellblau). Die Schriftfarbe sollte sich in jedem Fall gut lesbar von der Hintergrundfarbe abheben.

Schriftart und Schriftgröße

Für Überschriften eignen sich klare, leicht lesbare Schrifttypen, wie Arial oder Helvetica. Für den Fließtext empfiehlt sich eine Schrift wie Times, mit Serifen. Das sind die Füßchen am unteren Buchstabenrand, die dem Auge helfen, in der Zeile zu bleiben.

→ Die Titelschrift sollten Sie so groß wählen, dass sie auch aus einiger Entfernung noch zu entziffern ist: 96 pt fett wäre ideal, kleiner als 66 pt eher ungünstig.

→ Angaben über Autoren und Institute sollten etwas kleiner als der Titel sein: 60 pt.

→ Überschriften im Text sind fett und mit etwa 56 pt angemessen angelegt (möglichst nicht kleiner als 36 pt).

→ Der Text selbst ist mit 44 pt bequem lesbar, 32 pt empfindet man auf einem Poster bereits als „Augenpulver" (als Anhaltspunkt: Ein 44 pt-Text auf einem DIN-A0-Poster wirkt wie ein 11 pt-Text auf einer DIN-A4-Seite).

→ Verwenden Sie in den Spalten linksbündigen Flattersatz, denn beim Blocksatz müssen Sie mit unterschiedlichen Wortabständen rechnen, das wirkt unruhig und löchrig.

→ Bildunterschriften sollten etwas kleiner sein als der Text: Idealerweise 40 pt. Die Nummern der Abbildungen erscheinen fett gedruckt deutlicher, so dass sie leicht zu finden sind, sofern der Text auf sie verweist.

■ Weniger ist mehr: Fassen Sie sich am besten kurz. Konzentrieren Sie sich auf einen wesentlichen Aspekt. Ihre Texte können Sie dann nämlich in angemessener Schriftgröße unterbringen, und die Bilder wirken großformatig einfach besser.
Sie erleichtern damit dem Betrachter Ihres Posters die „Arbeit" erheblich. Denn eine großzügige, augenfreundliche und damit entspannende Gesamtgestaltung transportiert die Kernaussage mühelos.

Druck-Infos

Den gängigen Din-A0-Ausdruck (841 × 1189 mm) auf mattem 170 g-Papier oder auf Fotoglanzpapier erhalten Sie bei Druckereien oder gut ausgestatteten Copy-Shops. Preisvergleiche lohnen sich erfahrungsgemäß! Eine wetterfeste Versiegelung (Laminierung) kostet zusätzlich, empfiehlt sich jedoch, wenn das Poster mehrmals genutzt wird, oder längere Zeit in der therapeutischen Einrichtung hängen soll.

Wie die Daten zum Drucker kommen, erfragen Sie am besten vor Ort. In der Regel können Sie sie per E-Mail oder auf CD liefern, am besten als druckfertige Datei im pdf-Format oder als PostScript – aber auch PowerPoint ist möglich.

Die meisten wissenschaftlichen Poster werden mit PowerPoint erstellt, das eigentlich kein Grafikprogramm ist, aber auf den meisten PCs installiert und leicht zu bedienen ist.

Effekte von Reflexzonentherapie am Fuß
auf Blaseninkontinenz – ein Fallbericht

Simone Fischer, Physiotherapeutin

Einleitung

Wie kann eine Frau mittleren Alters gegen Blaseninkontinenz behandelt werden, ohne dem Problemgebiet Becken zu nahe zu kommen? Die bisherigen Therapien der neunjährigen Krankheitsgeschichte (z.B. Beckenbodengymnastik, Elektrostimulation, Biofeedback) brachten der Patientin keinen nennenswerten Erfolg. Aufgrund der halbstündig nötigen Toilettengänge war die Patientin in ihrem Alltag stark eingeschränkt und sah ihre Anstellung als Sekretärin gefährdet. Durch negative Erfahrungen geprägt, äußerte sie den Wunsch nicht direkt am Becken behandelt zu werden. Aus diesem Grund entschied ich mich für die Reflexzonentherapie am Fuß, Schule Hanne Marquardt.

Material und Methoden

- Patientin Frau K., 55 Jahre alt, leidet seit neun Jahren ohne bekannte Ursache an sensorischer und motorischer Blaseninkontinenz. Beruf: Sekretärin (ganztags), Hobby: Wandern

Messungen
- Dauer zwischen den Toilettengängen tagsüber in Minuten
- Häufigkeit der Toilettengänge nachts
- Ausmaß der Einschränkung im Alltag auf einer 5-Punkte-Likertskala (von sehr gering bis sehr stark)

Behandlung [siehe Abb. 1 und 2]

- Tonisierung folgender Zonen des Beckens: Blasenschließmuskel, Uterus, untere Wirbelsäule, Anus, ISG, Symphyse, Glutäalmuskulatur
- Tonisierung der Zonen aller Diaphragmen
- Solarplexus sedierend mit Verweilgriff
- Ausgleichsgriffe
- Behandlungszeitraum: 12 Therapien in 6 Wochen
- Dauer einer Behandlung: 30 Minuten mit anschließender Nachruhe von 30 Minuten

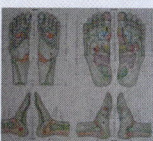 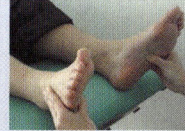

Abb. 1   Abb. 2

Resultate

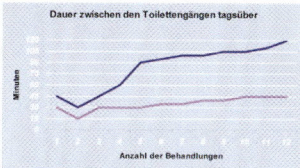

Abb. 3: Die Linien zeigen die Unter- und Obergrenze der Zeitspanne zwischen den Toilettengängen an.

- Dauer zwischen den Toilettengängen tagsüber: Die Patientin musste bei Behandlungsbeginn alle 30-45 Minuten auf die Toilette, nach 12 Behandlungen alle 45-120 Minuten [siehe Abb. 3].

- Häufigkeit der Toilettengänge nachts von 2-4 Mal auf 0-1 Mal reduziert

- Die Patientin schätzte ihre Einschränkung im Alltag anfangs mit 5 (sehr stark) ein. Nach 12 Behandlungen mit 4 (stark) von maximal 5 auf der Likert-Skala.

Schlussfolgerung

Bei dieser Patientin, die sich eine Behandlung fern ihres Problemgebietes wünschte, zeigte die Reflexzonentherapie am Fuß gute Erfolge: objektiv verlängerte sich die Zeit zwischen den Toilettengängen tags von 30-45 Minuten auf 45-120 Minuten. Die Häufigkeit nachts reduzierte sich von 2-4 auf 0-1 Toilettengänge. Subjektiv gab die Patientin eine Verbesserung des Ausmaßes der Einschränkung im Alltag von 5 auf 4 gemäß Likert-Skala an.

43

Referenz:

Hanne Marquardt:
Praktisches Lehrbuch
der Reflexzonentherapie
am Fuß. 5. Aufl., Stuttgart:
Hippokrates; 2001

Kontaktadresse:

Simone Fischer
Physiotherapeutin
e-mail.:
fischermone@aol.com

Dieses Poster entstand in der PosterWerkstatt 2004 des
ZVK- Landesverbands Baden-Württemberg in Stuttgart.
www.physio-verband.de

Das wirkt professionell: Dokumentieren Sie Behandlungsergebnisse aus dem Praxisalltag auf einem (wissenschaftlichen) Poster.

2.7 Event

Bewegung erleben, Balance spüren, Kraft finden – Physiotherapeuten haben eine kostbare „Ware mit Erlebnischarakter" zu bieten. Solche Angebote kommen gut an – auch als Gegengewicht zur oft belastenden Informationsflut durch die Medien.
Ein Event ist daher der stimmige und Erfolg versprechende Rahmen für die Präsentation Ihrer Angebote, Ihres Teams und Ihrer Praxisräume.

Wo findet der Event statt?

Grundsätzlich gibt es zwei Möglichkeiten: Sie kommen zu Ihren Gästen, oder die Gäste kommen zu Ihnen.
Eine Aktion in der Fußgängerzone Ihrer Stadt hat den Vorteil, dass Sie möglicherweise ganz neue Personengruppen erreichen.
Laden Sie zu sich ein, können Sie gleich Ihre Praxisräume präsentieren und viele Geräte einsetzen. Denkbar ist auch, öffentliche Räume oder einen schönen Nebenraum eines Hotels zu mieten – je nach Zielgruppe.

Wen sprechen Sie an?

Mit Ihrem Event können Sie ganz unterschiedliche Adressatengruppen ansprechen: Beispielsweise potentielle Kooperationspartner, wie die Vertreter von Selbsthilfegruppen, Volkshochschulen, Seniorenheimen oder Sportvereinen.
Oder Mediziner, denen Sie die Möglichkeit bieten, Physiotherapie mal mit dem eigenen Körper zu erfahren. Vielleicht möchten Sie auch aktuelle wissenschaftlichen Studien zu einem Krankheitsbild vorstellen, das Sie in Ihrer Praxis physiotherapeutisch behandeln.
Oder sprechen Sie Menschen an, die für Projekte zur Arbeitsplatzberatung in Frage kommen: Vertreter von Firmen, Ämtern, Kindergärten, Schulen und Hochschulen.
Und letztlich natürlich die gesamte Bevölkerung – also: Jung und Alt.
Ihr Event lässt sich besonders gezielt planen, wenn der Adressatenkreis thematisch begrenzt ist.

Welche Aktionen bieten sich an?

Sprechen Sie alle Sinne an: Lassen Sie Ihre Gäste spüren, hören, sehen, riechen und schmecken, dass man sich bei Ihnen wohl fühlen kann und zudem professionell betreut wird. Und lassen Sie sie etwas tun – sprechen Sie den kinästhetischen Sinn an.

Hören

Sorgsam ausgewählte Musik im Hintergrund erzeugt Stimmung. Live-Musik als eigener Programmpunkt lockert auf oder unterstreicht Schwerpunkte Ihrer Arbeit – etwa wenn Sie sich auf die Behandlung und Betreuung von Musikern spezialisiert haben.
Ein kurzer unterhaltsamer Vortrag, in dem es um eher allgemeine Themen geht – beispielsweise Rückenschmerz – bezieht das Publikum selbstverständlich mit ein.
Vermeiden Sie medizinische Fachausdrücke (falls Sie sich nicht ausschließlich an Ärzte wenden) – holen Sie Ihre Gäste im Alltag ab und fragen Sie in die Runde: „Wer von Ihnen hatte schon mal irgendwann in seinem Leben Rückenschmerzen?". Jetzt wird im Publikum kaum jemand unbeteiligt bleiben. Sie könnten weiter fragen, wann und wo die Schmerzen aufgetreten sind – und schon haben Sie das Publikum aktiv auf Ihrer Seite …

Sehen

Blenden Sie während Ihres Vortrags ein aussagekräftiges Schaubild zum selben Thema ein und zeigen Sie, was Sie (vorbeugend) anbieten können: Ein kurzer Ausschnitt aus

Arbeitskreis
Heilmittelberufe

Ulm / Neu-Ulm e.V.

5. Therapietag
in der **vh** ulm
Einsteinhaus

18. September 2004
10.30 - 16.30 Uhr

Vorträge
Informationen
Mitmachaktionen

Eintritt frei

menschen

im zentrum

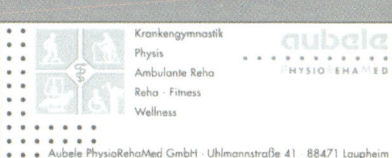

einer Behandlungs- oder Trainingssituation. Ein Handout fasst die wichtigsten Punkte Ihres Vortrags zusammen – zum Mitnehmen.

Bereiten Sie zudem Poster vor – zur Therapie und Prävention verschiedener Erkrankungen in ihrer Praxis (☎ S. 42). Präsentieren Sie diese Plakate im Eingangsbereich. Zeigen Sie somit, dass Sie Behandlungsverläufe sorgfältig planen und dokumentieren.

Halten Sie ansprechendes Info-Material vor, das Ihre Gäste mitnehmen können.

Spüren

Eine kleine Übung zur Körperwahrnehmung lockert einen Vortrag auf.

Lassen Sie Ihre Gäste – auch außerhalb des Vortrags – besonders wirkungsvolle Therapiesequenzen erleben– oder aber so etwas wie „Körpersprache spüren".

Stellen Sie Ausschnitte aus Ihrem Gesundheits-Check vor: Messen Sie Blutdruck, Beinlänge oder Schmerzintensität.

Schmecken

Bieten Sie Getränke und Snacks an – vielleicht verbunden mit Informationen und Tipps zur gesunden Ernährung?

Interessante Alternativen: Vernissagen, Konzerte, Pantomime

Eine interessante Alternative zur Darstellung physiotherapeutischer Inhalte sind Events mit Inhalten, die nur am Rande Beziehung zu unserem Beruf haben: Vernissagen, Konzerte, Lesungen, pantomimische oder Tanzaufführungen, Sportveranstaltungen. Die Palette der Möglichkeiten, die den Körper, Gesundheit, Bewegung oder Balance zum Thema haben, ist bunt. Wählen Sie eine Event-Form, mit der Sie persönlich sich besonders gut identifizieren können.

Geschenke, Gewinnspiele

Verteilen Sie nützliche (!) kleine Geschenke, so genannte Give-Aways mit Ihrem Praxis-Logo – ein Stück Theraband, Luftballons oder kleine Blöcke mit selbstklebenden Notizzettelchen (Post-it), auf denen man Ihr Praxislogo den Praxis-Slogan, ein Motto oder einen Wellness-Tipp findet.

⚠ Achtung: Die Geschenke dürfen Sie pro Stück nicht mehr als rund 40 Cent kosten – so lautet das Wettbewerbsrecht.

Gewinnspiele, wie Preisausschreiben, Glücksrad oder Verlosungen sind anlässlich eines Events erlaubt, sofern sie zuvor nicht angekündigt wurden. Konkret werben dürfen Sie damit allerdings nicht – sagt das Heilmittelwerbegesetz. Dasselbe gilt auch für Probebehandlungen.

Planen und Einladen

Beziehen Sie bereits Wochen zuvor Ihr Team in die Planung mit ein und verteilen Sie gemeinsam die verschiedenen Aufgaben – ein solches Projekt kann das Team stärken. Und scheuen Sie sich nicht, zusätzlich professionelle Hilfe in Anspruch zu nehmen, falls Sie einen großen Event planen – wenden Sie sich an einen erfahrenen Eventmanager.

Versenden Sie originelle Einladungen. Je nachdem, welche Event-Form Sie planen: Adressieren Sie Ihre Einladungen persönlich – samt einer Möglichkeit, sich bei Ihnen per Fax an- oder abzumelden. Oder: Legen Sie Handzettel in Arztpraxen und Apotheken aus. Senden Sie eine Presse-Info an Tageszeitungen und Wochenblätter Ihrer Region (☎ S. 36).

Präsentieren Sie sich auch in Praxisnähe – beim Stadtteilfest.

2.8 Sponsoring

Verbinden Sie Ehrenamt und Beruf – das hilft den Betroffenen und schärft das Profil Ihres Unternehmens. Sponsoring wirkt besonders dauerhaft, wenn Sie es mit anderen Kommunikationsmedien kombinieren.

❗ Setzen Sie für Sponsoring-Aktionen zum Beispiel Ihre therapeutische Erfahrung ein: Behandeln, beraten und betreuen Sie Sportler bei Wettkämpfen, Musiker während eines Kulturfestivals, Tänzer und Akrobaten während einer Zirkus-Aktion in Ihrer Stadt.

Benefizaktionen

Organisieren Sie Benefizaktionen. Übernehmen Sie die Kosten für Design und Druck von Konzertkarten, Handzetteln, Programmheften oder Plakaten – die Printmedien sind dann jeweils mit einem kleinen Vermerk versehen: „Gesponsert durch" oder „Unterstützt durch" – möglicherweise in Verbindung mit Ihrem Logo.

Falls Sie sich an der Weihnachtsaktion Ihrer regionalen Zeitung beteiligen möchten: Verkaufen Sie Wohlfühl-Gutscheine und spenden den Erlös für die Benefizaktion. Dadurch ist nicht allein die Berichterstattung gesichert, möglicherweise übernimmt der Zeitungsverlag auch die Druckkosten für Plakate und Gutscheine.

Gesellschaftliches Engagement

Dass Sie sich besonders für die Umwelt oder etwa für Menschen mit Behinderungen engagieren, könnten Patienten und Kunden in Ihrem Praxis-Flyer, im Newsletter oder auf der Homepage lesen:

→ „Wir heizen mit Regiostrom"
→ „Diese Broschüre ist auf Umweltpapier gedruckt"
→ „Unsere Printmedien geben wir bei Mayer-Druck in Auftrag, einem Unternehmen, das Menschen mit Behinderungen beschäftigt."
→ „Besuchen Sie unsere Homepage – bedienerfreundlich und barrierefrei (☎ S. 33). "

DIE 8.
RIESELFELDMEILE
Sonntag,
12.09.2004
15.00 Uhr
www.die-meile.de
Veranstalter:
RIESELFELDMEILE e.V.
mit Unterstützung der Stadt Freiburg
5 km - Volkslauf
durch den Freiburge
Stadtteil Rieselfeld
P.u.L.Z.
im Rieselfeld
Physiotherapie und
Lauftherapie Zentrum
P.u.L.Z.
G. Supp · W. Schoch
SPARKASSE
FREIBURG · NÖRDLICHER BREISGAU
baden IT
innovationstechnologie
für Ihre Zukunft
Freiburger
Wochenbe

2.9 Schwerpunkt-Praxis

Setzen sie ganz gezielt Schwerpunkte. Denn so unterstützen Sie das Image Ihrer Einrichtung. Finden Sie die Stärken Ihres Unternehmens heraus.

Richten Sie Ihre Corporate Identity auf ganz spezielle Personengruppen aus: Kinder oder ältere Menschen, Sportler oder Musiker, Rheumatiker oder Menschen mit Herz-Kreislauf-Erkrankungen, Ottonormalverbraucher oder Besserverdiener, Kindergärten oder Unternehmen.

Oder spezialisieren Sie sich auf bestimmte Angebote.

Ihre Einrichtung könnte auch ein spezielles Angebot mit einem Schwerpunkt kombinieren: Gerätegestützte Krankengymnastik und Medizinische Fitness wären ein passendes Angebot für Menschen mit Rückenproblemen.

Beispiel Senioren-Praxis

Eine Senioren-Praxis bietet Patientenseminare zu Themen wie „60 plus – Gesund und fit" an – auch außerhalb der Physio-Praxis, beispielsweise in Seniorenheimen, Volkshochschulen oder Kirchengemeinden. Oder ergänzend zur Therapie: ein spezielles Gerätetraining in der Gruppe. Eine Patientenbroschüre mit „Alltagstipps für Ältere" ist so gestaltet, dass die Schriftgröße gut leserlich ist.

Teppiche und Treppenbeläge sind rutschfest, Treppenabsätze gut sichtbar markiert. Handläufe und angemessene Beleuchtung bieten ausreichend Sicherheit auf der Treppe und am Eingang.

Ihre Patienten haben genug Zeit zum Umziehen vor und nach der Behandlung. Gegebenenfalls bieten Sie einen Recall-Service an: Sie erinnern Ihre Patienten telefonisch an den Behandlungstermin.

Hausbesuche gehören zum Service und Sie beraten Pflegepersonal und pflegende Angehörige – zum Beispiel durch Vorträge und Workshops zu Themen wie „Lagerung", „Sturzprävention" oder „Balancetraining".

Beispiel Prävention

Mit Präventionsangeboten haben Sie einen Schwerpunkt gewählt, durch den Sie dennoch unterschiedliche Zielgruppen gewinnen können:

→ Ein starker Rücken kann entzücken
→ Mehr Sicherheit im Alltag: Sturzprävention für Ältere
→ Nordic Walking
→ Lifebalance
→ Gesunde Bewegung
→ Spaß mit Babys
→ Geburtsvorbereitung
→ Body and Soul
→ Bauch – Beine – Po

Auch Präventionsangebote können einen Schwerpunkt bilden.

Corporate Behaviour

Gesprächskultur, Führungsstil, soziales Engagement

3

Gesprächskultur, Führungsstil, soziales Engagement

Auch im persönlichen Verhalten sollte sich Ihre Unternehmensphilosophie widerspiegeln. Corporate Behaviour zeigt sich im Team – an der Rezeption, im Wartezimmer und im Behandlungsraum.

Und zwar im Umgang miteinander, im klaren, stimmigen Verhältnis von Führungskräften und Mitarbeitern, im partnerschaftlichen Umgang mit Patienten, Kunden und Kooperationspartnern.

Wie lösen Sie Konflikte? Wie reagieren Sie auf Probleme oder gehen mit Fehlern um? Und wie viel Offenheit zeigt Ihre Praxis im Umgang mit der Öffentlichkeit?

Das wirkt positiv:
Alle ziehen an einem Strang

Corporate Behaviour stellt hohe Ansprüche an Sie und Ihr Team. Denn alte Gewohnheiten zu ändern, braucht Zeit und Geduld. Wandel kann zudem Ängste erzeugen.

Das Verhalten Ihres Teams ändert sich besonders nachhaltig, wenn Ihre Mitarbeiter einen persönlichen Gewinn erkennen können und den geplanten Wandel als sinnvoll und erstrebenswert empfinden. Das ist die beste Voraussetzung dafür, dass alle an einem Strang ziehen.

Soziale Verantwortung gehört zum Image:
Corporate Social Responsibility (CSR)

Auch das Verhalten in Bezug auf gesellschaftspolitische Themen gehört zum Corporate Behaviour. Sind Sie und Ihre Mitarbeiter sozial oder ehrenamtlich aktiv? Etwa im Sport- oder Musikverein oder in der Aidshilfe? Oder setzen Sie sich für regionale Kulturgruppen ein?

Wie verhält sich Ihr Unternehmen gegenüber ökologischen Problemen und gegenüber dem wissenschaftlichen und technologischen Fortschritt und dem sozialen Wandel?

Corporate Social Responsibility (CSR) und Corporate Citizenship sind als Marketing-Schlagworte in aller Munde. Denn die soziale und gesellschaftliche Verantwortung von Unternehmen gilt längst als image-bildend.

3.1 Eingangsbereich, Praxisräume, Wartezimmer

Frische Blumen im Eingangsbereich und die Tageszeitung, sowie aktuelle Zeitschriften im Wartezimmer signalisieren, dass Ihnen und Ihren Mitarbeitern das Wohl Ihrer Patienten am Herzen liegt – auch außerhalb der Behandlung.

Eine stimmige Atmosphäre in den Räumen wirkt sich positiv aus – sowohl auf das Image Ihres Unternehmens als auch auf das Wohlbefinden Ihrer Patienten und Mitarbeiter: Vertraute Farben und Formen, natürliche Materialien, Tageslicht, Kunst und Pflanzen beeinflussen die Stimmung – und folglich das Verhalten der Menschen, die sich in den Räumen bewegen.

Leise Musik im Hintergrund sollte gut überlegt ausgewählt werden und in jedem Fall entspannend wirken. Denken Sie an die GEMA-Gebühren (⬛ Anhang).

Aufatmen – bereits im Wartezimmer

Im Wartezimmer schmeicheln die Stühle (und ein Stehpult …) dem Rücken, die Beleuchtung den Augen und das Raumklima sollte aufatmen lassen.

Die Garderobe platzieren Sie möglichst außerhalb des Warteraums – gerade in der nasskalten Jahreszeit können feuchte Jacken und Mäntel vor allem in kleineren Räumen unangenehm sein.

⬛ Versichern Sie die Garderobe Ihrer Patienten – andernfalls müssen Sie dafür haften. Selbst wenn Sie ein Schild anbringen „Für Garderobe keine Haftung".

Die Bilder an der Wand sollten – inhaltlich, stilistisch oder auch farblich – zum Corporate Design und zur Philosophie Ihres Unternehmens passen.

Eine Spielecke mit Mal-Utensilien, Bauklötzen und Bilderbüchern heißt auch Kinder willkommen.

Weitere Ideen: Getränkeangebot, Obstkorb, Regenschirme zum Ausleihen, Info-Regal mit Ihrem Praxis-Flyer, aktuellen Broschüren über Therapieformen, Selbsthilfegruppen und ein regionales Veranstaltungsprogramm …

Privatsphäre schützen

Ersparen Sie Ihren wartenden Patienten, (Telefon-)Gespräche über Therapieinhalte und Termine mit anhören zu müssen – das schützt zudem die Privatsphäre der Gesprächspartner – auch am anderen Ende der Leitung.

Platzieren Sie den Bildschirm Ihres PCs so, dass lediglich Sie und Ihr Team Einblick haben. Auf diese Weise fühlen sich Ihre Patienten und Kunden gut aufgehoben und ferner entspricht dies auch dem Datenschutzgesetz.

Stellen Sie sich vor!

Bilder von Gesichtern sind „Hingucker". Porträt-Fotos aller Therapeuten, mit Informationen über deren Kompetenz versehen, unterstreicht die Professionalität Ihrer Praxis, gibt Ihnen Gelegenheit, Ihre Angebotspalette zu zeigen und zeugt für den Teamcharakter Ihrer Unternehmensführung.

Zudem sind viele Patienten dankbar, den Namen ihrer Therapeutin noch einmal schwarz auf weiß zu lesen.

Informieren Sie auch über Aktivitäten, die nur indirekt mit der therapeutischen Tätigkeit zu tun haben: Falls Sie Lauftraining anbieten, beeindruckt beispielsweise ein Zeitungsartikel aus dem hervorgeht, dass Sie einen Marathon organisiert haben oder selbst sportliche Erfolge erzielen.

Wohl fühlen – auch auf der Toilette

Werfen Sie regelmäßig persönlich einen Blick in die Toiletten und Duschräume – auch hier sollten sich Ihre Patienten wohl fühlen.

Frische Blumen an der Anmeldung wirken einladend.

„Hier geht's um Bewegung!" Ein Mountainbike und Ihr Praxisschild im Eingangsbereich signalisieren dies.

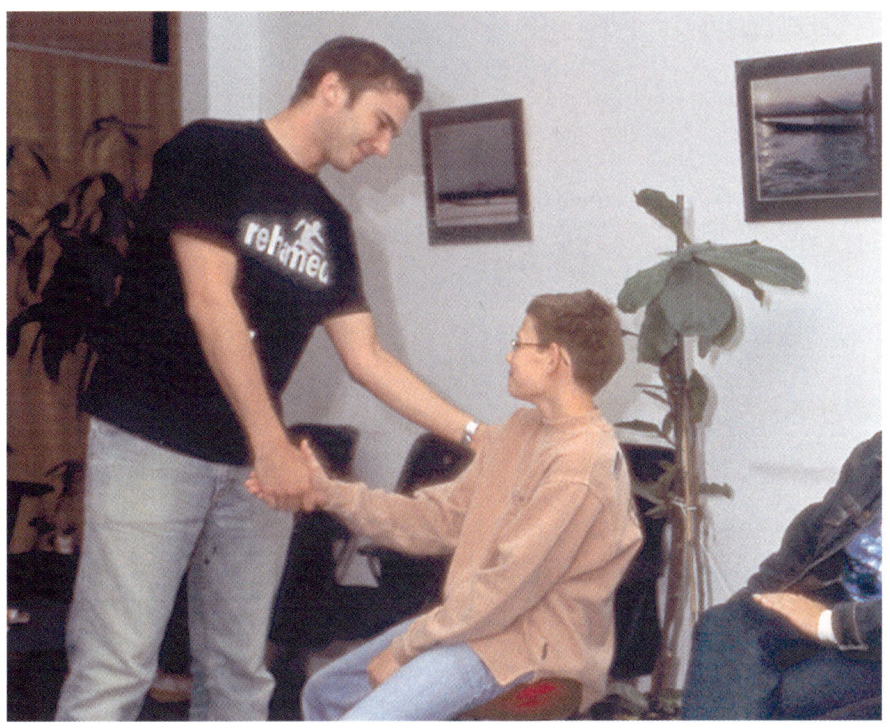

Ihre Patienten freuen sich, wenn Sie sie persönlich im Wartezimmer begrüßen.

3.2 Kleider machen Leute

Auch durch Kleidung lassen sich image-bildende Werte wie Kompetenz, Seriosität und der Arbeitsstil Ihres Unternehmens vermitteln. Und zwar in den Farben, dem Material, der Funktionalität, dem Stil und dem Zustand der Kleidung. Sorgen Sie für einen stimmigen Auftritt Ihres Teams.

Ob T-Shirt oder Krawatte: In jedem Fall sollten Sie das Outfit Ihrer Mitarbeiter nicht zur Nebensache erklären!

Individueller Stil oder Uniform?

Weiße Kleidung mag eine gewisse therapeutische Kompetenz vermitteln, vielleicht auch „Hygiene" assoziieren, doch möglicherweise wirkt sie allzu distanzierend?

Ein einheitliches Outfit in den Praxisfarben vermittelt Patienten und Kunden zwar den Team-Charakter Ihres Arbeitsstils und jeder erkennt auf den ersten Blick, wer zum Haus gehört.

Allerdings fühlen sich Ihre Mitarbeiter möglicherweise in ihrem jeweils eigenen Kleidungsstil wohler, als wenn sie „uniform" arbeiten müssen. Gerade wenn Sie im Rahmen Ihrer Praxisphilosophie auf die Individualität jeder Behandlung wert legen, liegt Ihnen vielleicht auch der jeweils eigene Stil Ihrer Mitarbeiter am Herzen.

Praxis-Outfit zum Wohlfühlen

Ideal wäre natürlich, wenn Sie ein einheitliches Praxis-Outfit fänden, in dem sich alle wohl fühlen können – besprechen Sie es mit Ihren Mitarbeitern!

Die Vereinbarung „alle tragen weiße Hosen" oder auch Assessoires im Praxis-Design könnten dann der passende Kompromiss sein. Wie wäre es mit bequemen Oberteilen, in die das Praxislogo eingestickt ist?

Oder einem originellen, an der Kleidung gut sichtbar angebrachten Namensschild? Vor- und Nachnamen der Mitarbeiter sollten – auch für ältere Patienten und Kunden – leicht zu lesen sein.

🗈 Selbstverständlich sollte das Outfit Ihres Teams gepflegt wirken. Achten Sie auf „dezentes Styling": Allzu stark duftende Körperpflege oder aber Hände, denen man die Gartenarbeit noch deutlich ansieht, können für Ihre Patienten unnötig unangenehm sein.

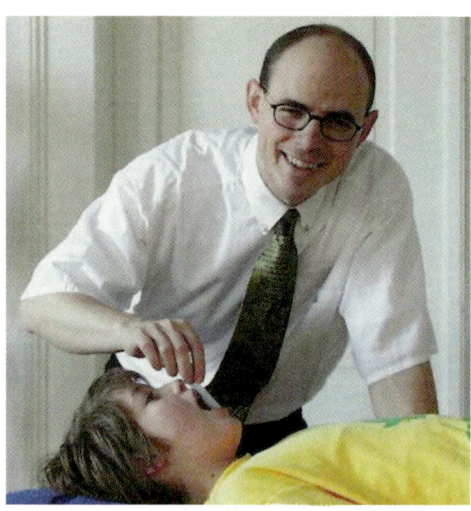

Krawatte oder T-Shirt? Ihr Outfit ist Teil Ihrer Praxisphilosophie.

*Trägt das Team einheitliche Shirts, erkennen Patienten und Kunden auf den ersten Blick,
wer zum Haus gehört.*

3.3 Verhalten im Team

Dicke Luft oder entspannte Atmosphäre? Die Stimmung im Team bekommen Patienten und Kunden buchstäblich hautnah zu spüren – ob an der Rezeption oder im Behandlungsraum.

Klarer Führungsstil

Ihre Unternehmensphilosophie sollte sich daher sowohl in Ihrem Führungsstil als auch dem Miteinander im Team widerspiegeln.

Nach welchen Kriterien wählen Sie Mitarbeiter aus? Darf Ihr Team mitentscheiden? Unterstützen Sie Fortbildungen, wie sehen die Sozialleistungen aus?

Ihre Mitarbeiter identifizieren sich besonders mit ihrem Arbeitsplatz, wenn ihre Ideen nicht nur willkommen sind, sondern sogar umgesetzt werden.

Als Praxisinhaberin oder Praxisinhaber stehen Sie möglichst hinter Ihrem Mitarbeiter, falls Patienten einmal unzufrieden sind. Im Beisein des Kunden nehmen Sie Fehler und Versäumnisse „auf Ihre eigene Kappe". Falls die Kritik berechtigt ist, führen Sie zu anderer Zeit und an anderem Ort ein Mitarbeitergespräch zur Klärung.

❗ Gute Stimmung im Team geben Ihre Mitarbeiter an Patienten und Kunden weiter – durch positive Ausstrahlung.

Den Team-Geist stärken

Regelmäßige Teamsitzungen und Mitarbeitergespräche bieten einen geschützten Raum für Anregungen, Ideen, Pläne, sowie Kritik und Auseinandersetzungen.

Weihnachtsfeiern und Betriebsausflüge, sowie gemeinsame Projekte stärken das Teambewusstsein und die Bindung untereinander.

Unstimmigkeiten – beispielsweise um die Raumverteilung – sollten möglichst hinter verschlossenen Türen geklärt werden – nicht vor Patienten oder Kunden.

Regelmäßige Teamsitzungen wirken sich positiv auf das gesamte Praxisklima aus.
Zeit und ein geschützter Raum in entspannter Arbeitsatmosphäre tun allen Beteiligten gut –
dies spüren auch Patienten und Kunden – und zwar hautnah.

3.4 Telefonkontakt

Bevor sie Ihre Einrichtung betreten, nehmen die meisten Patienten telefonisch Kontakt zu Ihnen auf. Bereits der erste (akustische) Eindruck sollte den Anrufern das Gefühl vermitteln, bei Ihnen „richtig" zu sein.

Lassen Sie nicht lange anklingeln – nach spätestens drei Signaltönen sollte sich eine Stimme melden. Am besten „live" – oder aber per Anrufbeantworter.

Einheitliche Begrüßung, klare Information

In beiden Fällen sollte eine stets einheitliche freundliche Begrüßung klar und kurz darüber informieren, mit welcher Einrichtung der Anrufer verbunden ist.

Bei „live"-Gesprächen sollte die Telefonstimme unbedingt auch ihren Namen nennen: „Praxis-Team Baumann – Guten Tag – Sie sprechen mit Anne Müller" oder: „Physio-Team Flensburg – Müller – Guten Tag"

Ist der Anrufbeantworter eingeschaltet, sollte der Anrufer dies von Anfang an wissen: „Guten Tag. Sie hören den Anrufbeantworter des Praxis-Teams Baumann."

Erklären Sie kurz, warum Sie nicht persönlich erreichbar sind: „Im Interesse einer ungestörten Behandlung können wir Sie jetzt nicht persönlich sprechen, …" Kündigen Sie klar und deutlich Ihren raschen Rückruf an: „… wir rufen allerdings umgehend zurück. Hinterlassen Sie uns Ihren Namen und Ihre Telefonnummer, vielen Dank."

Beschwingte, natürlich klingende Stimme

Besprechen Sie Ihr Band mit freundlicher und beschwingter Stimme. Das gelingt am besten, wenn Sie aufrecht und entspannt stehen oder sitzen, und dabei ein freundliches Gesicht machen. Scheuen Sie sich nicht, zu gestikulieren, dann wirkt die Stimme lebendig. Sprechen Sie deutlich, aber nicht langsamer als sonst. „Erzählen" Sie, dann wirkt Ihre Ansage natürlich. Sprechen Sie den Text einige Male, bevor Sie aufnehmen. Im Raum sollte es dann absolut still sein. Zischgeräusche können Sie übrigens vermindern, indem Sie einen dünnen Wollschal oder ähnliches über das Mikrofon oder das Mundstück des Telefonhörers legen.

Hören Sie die Ansage unbedingt ab, bevor Sie sie ständig verwenden. Am besten, Sie holen sich zusätzlich ein Feedback. Auf andere sollte Ihre Stimme freundlich, natürlich und professionell wirken.

🛈 Ein neuer Patient wird es als besonders aufmerksam empfinden, wenn Sie ihm den telefonisch vereinbarten Termin per Post bestätigen – zusammen mit einem freundlichen Begleitschreiben und Ihrem Praxis-Flyer.

Auf diese Weise lernt er nach dem ersten akustischen Eindruck auch das optische Erscheinungsbild – das Corporate Design – Ihrer Praxis kennen.

Entspannt am Telefon – ein Headset macht's möglich!

3.5 Beschwerdemanagement

Gehen Sie mit Meinungsverschiedenheiten konstruktiv um – das sollte zu Ihrer Unternehmensphilosophie gehören.

Je kompetenter und selbstbewusster Ihre Patienten sind, und je höhere Erwartungen sie an Ihre Arbeit stellen, desto eher müssen Sie mit Kritik rechnen – ob an Ihren Therapievorschlägen oder den Abläufen innerhalb der Praxisorganisation.

Konkret fragen – Fehler einräumen

Fragen Sie konkret und direkt: „Wie kann ich Sie zufrieden stellen?" Meist werden Sie dann auf Fehler hingewiesen und können sie beheben.

Decken Sie Missverständnisse auf. Räumen Sie eigene Fehler ein – beispielsweise bezüglich der Terminplanung.

🔳 Dass für Patienten keinerlei Wartezeiten entstehen, sollte zu einem Grundsatz Ihrer Praxis-Organisation gehören. Falls ausnahmsweise doch eine Wartezeit entstanden ist: Äußern Sie, dass Ihnen dies bewusst ist und dass es Ihnen Leid tut.

Zeigen Sie Ihrem Gegenüber gegebenenfalls, was die Konflikt-Situation für Sie persönlich bedeutet und dass Sie sich dennoch auch in seine Lage versetzen können.

Finden Sie dann gemeinsam eine Lösung, die für beide Seiten stimmt. Gehen Sie stets das Problem an, nicht die Person.

Nehmen Sie sich Zeit

Nehmen Sie sich Zeit und einen geschützten Raum. Tragen Sie Konflikte nicht zwischen Tür und Angel, nicht im Eingangs- oder Wartebereich Ihrer Praxis aus. Bieten Sie Ihrem Gegenüber einen Platz an und setzen Sie sich dazu.

Symbolische Gesten am Ende einer Auseinandersetzung prägen sich übrigens ein und entspannen die Atmosphäre. So könnten Sie eine Einigung etwa mit einem Handschlag besiegeln und sich für die Offenheit bedanken.

🔳 Letztlich verbessern Sie den Service Ihrer Praxis, wenn Sie wissen, was Ihre Patienten schätzen und was sie stört. Sehen Sie konstruktive Kritik als Chance – Ihr Unternehmen kann dadurch eigentlich nur gewinnen und sein Profil stärken.

Vorbeugen!

Beugen Sie vor, indem Sie Konfliktpotential von vornherein minimieren. Zum Beispiel indem Sie klare Vereinbarungen treffen, bei Gesprächen ausreden lassen und zuhören (☎ S. 69), Therapieziele gemeinsam entwickeln (☎ S. 70), Berührungen ankündigen.

Feedback-Bögen verbessern den Service

Manche Patienten und Kunden äußern ihre Einschätzungen nur ungern persönlich und schon gar nicht ungefragt. Doch gerade deren Feedback kann Ihnen wichtige Informationen über den Eindruck geben, den Ihre Praxis Besuchern vermittelt.

Bitten Sie daher mit einem Feedbackbogen um anonyme Rückmeldung. Auch dies beugt Unzufriedenheiten vor und ist die beste Basis für einen optimalen Service.

🔳 Nutzen Sie für Ihren Rückmelde-Bogen im Corporate Design Ihrer Einrichtung professionelle Vorlagen – beispielsweise Ihres Berufsverbands.

Zufriedene Patienten sind ein Zeichen für die entspannte Atmosphäre in Ihrer Praxis. Dass bei Ihnen keine Wartezeiten entstehen, kündigt Ihre Website an.

3.6 Der Patient als Partner im Therapieprozess

Der beste Experte für seinen Gesundheitszustand ist der Patient selbst. Wer sollte kompetenter sein, wenn es um die eigene Person und die eigene Persönlichkeit geht?

Gewinnen Sie Ihren Patienten als Partner im Therapieprozess, indem Sie seine Lebensgewohnheiten, seine ganz persönliche Befindlichkeit, sowie sein soziales Umfeld berücksichtigen – und dies bereits im ersten Gespräch.

Ihr Patient sollte sich von Ihnen „als Mensch" wahrgenommen und anerkannt fühlen – und nicht etwa in medizinische Schubladen einsortiert – als „Symptomträger".

Fühlen sich Patienten von Anfang an als kompetente Partner, tragen sie Therapie-Entscheidungen mit, übernehmen Verantwortung für deren Erfolg und sind motiviert. Das ist die wichtigste Basis für eine effiziente und erfolgreiche Therapie.

Gespräch auf gleicher Augenhöhe

Während der ersten Behandlung führen Sie in der Regel zunächst ein therapeutisches Vorgespräch – und zwar auf „gleicher Augenhöhe". (Auf keinen Fall sollte der Patient auf der Therapiebank liegen – möglicherweise halb entkleidet – und Sie am Kopfende stehen!)

Bieten Sie Ihrem Patienten einen bequemen Stuhl an, am besten mit Lehne, so dass er sich entspannt zurücklehnen kann. Pezzibälle oder Therapiehocker sind für Gespräche weniger geeignet.

Setzen Sie sich über Eck an einen Tisch (zur Not: an die Behandlungsbank) – in einem Winkel zwischen 90 und 150 Grad. Das erlaubt Ihnen, sich Notizen zu machen oder Unterlagen einzusehen, ohne dass diese zwischen Ihnen und Ihrem Patienten „stehen".

Manche Menschen fühlen sich zu direkt konfrontiert, wenn Sie Ihnen direkt gegenübersitzen – auch wenn Sie damit zeigen wollen, dass Sie sich Ihrem Gegenüber ganz widmen.

Zwischen den Zeilen lesen

Körpersprache, Gestik, Mimik und der Klang der Stimme offenbaren Ihnen mehr über Ihr Gegenüber als reine Worte. Stellen Sie so etwas wie eine zweite Antenne auf und nehmen Sie so die Botschaften „zwischen den Zeilen" wahr. Was sagt die Nachricht über den Patienten aus? Was will er über mich und über unsere Beziehung aussagen? Und was möchte er erreichen?

Bisweilen widersprechen sich Körperausdruck und Wortinhalt. Da Menschen ihre Körpersprache meist weniger steuern als ihre Sprache, kann das nonverbale Verhalten zusätzliche Informationen geben. Sprechen Sie Ihre Patienten offen darauf an.

Aktiv zuhören

Hören Sie aktiv zu! Durch Ihre offene Körperhaltung, Blickkontakt und Zustimmung ermuntern Sie, sich Ihnen mitzuteilen. Patienten fassen sich übrigens kürzer, wenn Sie sie nicht unterbrechen.

❚ Übernehmen Sie ab und zu bewusst einen Gesichtsausdruck oder die Körperhaltung Ihres Gegenübers. Oft spüren Sie sofort, wie es Ihrem Patienten gerade gehen muss – und was ihm spontan gut tun könnte. Oder Ihnen wird ein Widerspruch zwischen verbalen Inhalten und nonverbalen Aspekten noch deutlicher.

Fühlen Sie vorübergehend ganz bewusst mit – Empathie ist ein wesentlicher Aspekt des Therapieprozesses.

Mit eigenen Worten wiederholen

Ihr Patient fühlt sich bei Ihnen gut aufgehoben, wenn Sie das Gehörte mit Ihren eigenen Worten wiederholen – Sie können sich so zudem vergewissern, ob Sie ihn richtig verstanden haben.

Sprechen Sie prägnant, geordnet, in kurzen Sätzen und möglichst ohne Fachjargon.

❚ Falls Sie medizinische Termini verwenden möchten, dann erklären Sie sie sofort. Möglicherweise erfährt Ihr Patient zum ersten Mal, was die Diagnose auf seinem Rezept bedeutet. Verwenden Sie Bilder, Vergleiche und Beispiele aus dem Alltag.

Nachfragen

Und fragen Sie nach: Was ist das Wichtigste, Schmerzhafteste, Belastendste? Wo und wann genau tut es weh? Welche Auswirkungen hat die Erkrankung auf die Partnerschaft, aufs Familienleben, auf den Umgang mit Freunden und Bekannten, auf das Berufsleben und die Freizeitgestaltung? Wie erlebt Ihr Patient sich selbst in seinem aktuellen Lebensumstand? Was bringt Entlastung? Käme beispielsweise zusätzlich eine Selbsthilfegruppe in Frage?

Therapieprojekte gemeinsam entwickeln

Entwickeln Sie gemeinsam mit Ihrem Patienten ein Therapieprojekt – konkretisieren Sie so den Weg zum Therapieziel, das der Arzt verordnet hat.

Orientieren Sie sich bei jeder Behandlung von Neuem an diesem Therapieprojekt. Beenden Sie jede Behandlung bewusst, indem Sie beispielsweise ein Vorher-Nachher spüren lassen. Oder fragen Sie nach Wünschen für die nächste Behandlung oder nach Bedürfnissen für die letzten fünf Minuten der aktuellen Sitzung.

Beziehen Sie dabei die Alltagssituation Ihres Patienten mit ein. Orientieren Sie sich an den emotionalen, geistigen, sozialen und kulturellen Lebensbedingungen Ihres Patienten.

🛈 Ihr Patient sollte seinen persönlichen und unmittelbaren Gewinn aus der physio-
therapeutischen Behandlung erkennen und spüren können.

Vermutlich ist weniger der erreichte Winkel im Kniegelenk für ihn entscheidend, sondern vielmehr, dass er seiner „geliebten" Gartenarbeit wieder schmerzfrei nachgehen kann.

Motivierend wirken auch soziale Aspekte: Beim Kegeln oder im Golfklub wieder „mit von der Partie" zu sein.

Möglicherweise hat Ihr Patient einen zwar nachvollziehbaren, aber nicht ganz realistischen Wunsch? Klären Sie dann darüber auf, inwiefern sie ihm kurz-, mittel- oder langfristig mit Physiotherapie helfen können.

Den Heilungsprozess aktiv mitgestalten lassen

Stellen Sie positive Therapieaspekte heraus, geben Sie realistische Einschätzungen zum Therapieverlauf – kalkulieren Sie gemeinsam auch die möglichen Misserfolge mit ein. Bieten Sie gegebenenfalls Alternativen innerhalb Ihres Angebots an.

Überfrachten Sie Ihre Behandlung nicht mit Tipps und Anweisungen.

🛈 Der einfachste Alltags-Tipp ist der wirkungsvollste – je besser Ihr Patient einen
Übungsvorschlag in seinen Alltag einbinden kann, je einleuchtender der Gewinn
der Übung erscheint, desto eher wird er ihn beherzigen und umsetzen.

Gehen Sie auf Hobbys ein, denn dies motiviert besonders! Wer gern tanzt, der sollte eher zu einem Tanzkurs als zum Joggen ermuntert werden. Wer gerne liest, dem kann man auch mal ein Buch über eine Therapieform oder seine Erkrankung empfehlen.

Berührungen ankündigen

„Fremde" Menschen zu berühren, gehört für Sie zum Arbeitsalltag.

Seien Sie sich dennoch bewusst, dass Sie durch Ihre Arbeit oft die Grenze zur Intimzone Ihrer Patienten und Kunden überschreiten. Gehen Sie daher achtsam und respektvoll mit dieser Grenze um: Kündigen Sie Berührungen an. Fragen Sie Ihre Patienten – besonders in der ersten Behandlung – ob Sie näher treten und sie anfassen dürfen.

Erklären Sie auch, was Sie untersuchen oder behandeln wollen und warum – das beugt Spannungen, Ängsten und Missverständnissen vor.

🛈 Zeigen Sie, dass Sie ebenso verantwortlich mit Ihren eigenen Grenzen umgehen,
das wirkt selbstbewusst und klar und entlastet Ihre Patienten und Kunden zusätzlich.

Ihre Patienten gewinnen auf diese Weise schnell Vertrauen und können sich entspannt in Ihre Hände begeben. Auch dies ist eine wichtige Voraussetzung für eine erfolgreiche Therapie – und professionelles Marketing.

Auf Zusatzangebote verweisen

Weisen Sie auf Ihre Zusatzangebote und deren gesundheitlichen Nutzen hin – spätestens in einem Abschlussgespräch am Ende einer Therapieserie.

Geben Sie Ihrem Patienten die Chance seinen Heilungsprozess eigenverantwortlich und aktiv mitzugestalten – auch über die vom Arzt verordnete Therapie hinaus.

Patienten fühlen sich souverän und sicher, wenn Sie sich zudem selbst informieren können. Geben Sie Buchtipps und Internetadressen weiter, die seriös und verständlich über Therapieformen, Krankheitsbilder, Selbsthilfegruppen oder allgemeine Gesundheitsthemen informieren.

So nah kommen Physiotherapeuten ihren Kunden während der Behandlung. Patienten begeben sich entspannt in Ihre Hände, wenn Sie mit körperlicher Nähe achtsam umgehen und Berührungen ankündigen.

3.7 Patient als Kunde

Schaffen Sie sich neue Perspektiven, bieten sie auch Leistungen für Selbstzahler an. Ergänzend zur Therapie: Etwa Wärmeanwendungen zur Vorbereitung oder Möglichkeiten zum Weitertrainieren nach der Behandlung.

Bieten Sie Prävention zum Gesundbleiben an. Dabei sind allerdings Seriosität und Sensibilität gefragt. Überzogene Versprechen und plakative Werbeklischees empfinden Patienten als unglaubwürdig und hinterfragen sie kritisch – zudem sind sie werberechtlich nicht erlaubt.

Mehr zum Werberecht im Anhang.

Prävention bieten

Die Therapie ergänzende Angebote: Kurse zur Rückenschule, Beckenbodengymnastik, Trainingstherapie in Gruppen, Arbeitsplatzberatung.

Besonders beliebt sind auch alternativ-therapeutische Methoden mit ganzheitlicher Betrachtungsweise. Zum Beispiel kraniosakrale Therapie oder Osteopathie. Auch fernöstliche Therapieangebote, wie Shiatsu, Tai Chi, Qi Gong, Akupressur, Tuina oder Ayurveda locken Kunden an…

Gratis-Schnupperstunden und Kostproben

Stellen Sie einen regelmäßigen Kontakt zu Ihren Kunden und Patienten sicher, indem Sie sie zu besonderen Anlässen in Ihre Praxis einladen:

→ In einer kleinen Veranstaltungsreihe „Gratis-Schnupperstunden" könnten Ihre Mitarbeiter je einen Schwerpunkt vorstellen – von Qi Gong über Nordic Walking bis zu „Baby-fit".
→ Bei einem „Nachmittag der Offenen Tür" könnten Sie zudem Ihre neuen Fitnessgeräte vorstellen.

„Gesunde" Experten-Infos

Nutzen Sie Ihre Räume abends und am Wochenende für kleine Experten-Vorträge zu Gesundheitsthemen. Laden Sie als Referenten Ihre Kooperations- und Geschäftspartner ein – dies zeigt Ihren Kunden, wie interdisziplinär und grenzübergreifend Sie arbeiten, z.B. Ernährungsberater, Versicherungsfachfrau, Matratzenfachmann, Doktorand, der eine Studie in Ihrer Praxis betreut, Hebamme, Zahnarzt, Kinderarzt, Hausärztin, Apothekerin, Yoga-Lehrer, Künstler, der Bilder in Ihren Praxisräumen zeigt, Vertreter der Krankenkasse und Mobiler Pflegedienst.

Sorgen Sie dafür, dass Ihre Kunden und Patienten bei diesen Veranstaltungen exklusiv behandelt werden, also beispielsweise einen Vorrang bei den Anmeldungen haben ... und kommunizieren Sie Ihnen diesen Vorteil.

Service für ausländische Kunden

Beschäftigen Sie in Ihrer Praxis eine ausländische Kollegin, fühlen sich deren Landsleute als Kunden und Patienten bei Ihnen sicher „wie zu Hause".

Denn diese Kollegin kann über Sprachbarrieren hinweghelfen und kennt die kulturellen Besonderheiten, Sitten, Gebräuche, Wünsche und Bedürfnisse.

Erfahrungsgemäß fühlen sich übrigens ausländische Patienten und Kunden besonders wertgeschätzt, wenn Sie sie etwa für die Konzeption eines Praxis-Flyers in türkischer Sprache oder einer Terminkarte auf italienisch (portugiesisch, griechisch, englisch, französisch, …) um Rat fragen.

Baby ABC

**Wie kann
ich mein Baby
besser verstehen?**

**Ein Kurs für Eltern
und Erziehende**

Susanne Schumacher
Physiotherapeutin
für Kinder und Säuglinge

Esslinger Str. 80
70736 Fellbach
e-mail: js.schumacher@t-online.de
Internet: www.physio-schumacher.de

Anhang

Tipps für Texte

Tipps zum Werberecht

Tipps für Texte

Physiotherapie berührt. Wie nahe liegt es daher, Ihren Patienten und Kunden auch durch Texte spürbare Gefühlserlebnisse zu vermitteln!

Rufen Sie mit Worten, die Herz und Sinne berühren, Empfindungen in Ihren Lesern wach. Das gelingt Ihnen am besten, wenn Sie vermitteln, was Ihnen ganz persönlich am Herzen liegt – ob im Praxis-Flyer, auf der Homepage oder durch Ihre Presse-Info.

Zielgruppe ansprechen

→ Wenden Sie sich in Flyern oder Website-Texten direkt an eine Zielgruppe – je konkreter, desto ansprechender. Das gilt sowohl für Titel wie für Textinhalte.
Vielleicht möchten Sie Eltern oder Kinder begeistern, Sportler oder Unternehmer ansprechen, Patienten oder Ärzte informieren.

→ Bei Pressemeldungen an Ihre Tageszeitung oder den regionalen Radiosender sollte die Zielgruppe hingegen möglichst breit sein – nur dann haben Sie Chancen, in den Medien auch berücksichtigt zu werden. Ein Beispiel: Rückenschmerzen kennen die meisten – eine seltene Erkrankung ist hingegen nur für eine kleine Gruppe Betroffener interessant.

→ In der Regel schreiben Sie für medizinische Laien – sparen Sie sich daher Abkürzungen und Fachbegriffe, wie Inkontinenz, PNF oder FBL. Zumindest sollten Sie die Fremdworte erklären.

→ Wenn Sie durch Ihre Botschaften Kunden und Patienten erreichen, informieren Sie übrigens auch Kollegen, Ärzte, Kostenträger, Journalisten und Politiker. Denn in die Patienten- und Kundenrolle können sich die meisten Menschen hineinversetzen.

Lösungen anbieten – zum Handeln ermuntern

Ihre PR-Texte sollten Lösungen anbieten. Sie sollten konstruktive Möglichkeiten des Handelns aufzeigen – nämlich: die Angebote Ihrer Einrichtung wahrzunehmen.

→ Optimismus spricht an – verbreiten Sie daher positive Nachrichten, und ermuntern Sie so zum Handeln. Beispielsweise folgendermaßen: „Bauen Sie Stärken aus", „Finden Sie Ihre Balance", „Bleiben Sie beweglich" – oder auch mal mit Augenzwinkern: „Hintern hoch, der Sommer kommt!" (☒ S. 23).

→ Vermitteln Sie den Nutzen, das Ziel und die Wirkung Ihrer Angebote. Stellen Sie außerdem heraus, dass Sie sich Zeit nehmen und den ganzen Menschen im Blick haben (☒ Der einzigartige Verkaufvorteil, S. 22).

→ Über schlimme Krankheitssymptome oder die Hürden der Gesundheitsreform zu informieren, ist nicht nötig. Überlassen Sie das der medizinischen Fachliteratur und der Tagespresse.

Neugierde wecken – verständlich formulieren

Formulieren Sie prägnant, überschaubar und anregend. Denn so kommen Ihre Botschaften spielend an. Und Ihre Adressaten erinnern sich noch lange an die Inhalte.

▪ Für den letzten Schliff nehmen Sie am besten die Hilfe erfahrener Texter in Anspruch.

Prägnant

→ Knappe Titel mit kurzen, treffenden Worten zeigen in Sekundenschnelle, worum es geht.

→ Kurze Texte laden zum Lesen ein und erleichtern Ihrem Gegenüber, den Inhalt aufzunehmen. Beschränken Sie sich daher aufs Wesentliche und beweisen Sie „Mut zur Lücke".

→ Klare Begriffe, geläufige Worte und konkrete Bilder machen Ihre Texte leicht verständlich.

→ Machen Sie öfter mal einen Punkt – und zwar spätestens nach 17 Worten. Vermeiden Sie verschachtelte Satz-Monster. Allerdings: zu viele, zu kurze Hauptsätze wirken atemlos.

Überschaubar

→ **Titel**: Worum geht's im Text? Was ist das Besondere?

→ **Zwischentitel**: Strukturieren Sie Ihren Fließtext durch Zwischentitel und Absätze – falls Sie weiter ausholen müssen.

→ **Anfang**: An den Anfang des Fließtextes gehören die wichtigsten Fakten. Bei informativen Presse-Meldungen oder Ankündigungen will der Leser rasch im Bilde sein: Wer, was, wann, wo und warum?
Für einen ansprechenden Einstieg eignen sich aber auch Alltagserfahrungen, ein Motto oder eine Anekdote.

→ **Schluss**: Am Schluss Ihres Textes kann eine kurze Zusammenfassung den Inhalt stärken – vielleicht nennen Sie nochmals Datum und Uhrzeit einer angekündigten Veranstaltung.
Oder Sie appellieren an die Leser, Ihre Einrichtung zu besuchen oder Sie persönlich anzusprechen. Auch ein positiver Ausblick passt an den Schluss – etwa die Aussicht auf weitere Angebote in der kommenden Saison.
Pressemeldungen sollten allerdings von hinten kürzbar sein, daher gehören hier an den Schluss keine wichtigen Informationen – es sei denn, sie wurden zu Anfang bereits genannt.

Anregend

→ Wecken Sie bereits im Titel Neugierde und regen Sie durch Ihre Headline zum Weiterlesen an.

→ Sprechen Sie mit Ihrer Botschaft die Herzen der Leser an. Die Empfänger Ihrer Nachricht sollen die Dinge sehen, fühlen, riechen und spüren können.

→ Sie sollten als Absender in Erscheinung treten. Schreiben Sie von „wir" oder „ich". (denn: „man"-Botschaften wecken wenig Interesse).
Bei Meldungen für die Presse sollten Sie die erste Person durch die Dritte ersetzen: „Die Physio-Praxis Heilmeier bietet jetzt neue Sommerkurse."

→ Der Inhalt wirkt besonders aktuell, wenn er in der Gegenwart „spielt".

→ Verwenden Sie anschauliche Bilder und lebendige Beispiele aus dem Alltag, betten Sie Ihre Informationen in Geschichten ein.

→ Physiotherapie vermittelt (Eigen-)Aktivität und Bewegung. Gut, wenn Ihr Schreibstil dies auch „zwischen den Zeilen" transportiert:
Setzen Sie Aktiv-Formen ein – also: „Nehmen Sie Ihre Gesundheit selbst in die Hand – wir unterstützen Sie dabei." (Umständliche Passiv-Wendungen wirken hingegen unpersönlich – bitte nicht: „Dem Patienten wird durch Physiotherapie geholfen")
Und wählen Sie lebendige Verben – zu deutsch „*Tu*-Wörter" – also: „Beugen Sie vor – bleiben Sie gesund!" (Substantivierte Wendungen wirken dagegen distanzierter: „Vorbeugung ist für Ihre Gesundheit wichtig.")

🔲 Weitere Textbeispiele auf den folgenden Seiten.

PHYSIO-KOMPASS

Physiotherapie –
Wir kommen auch zu Ihnen

Physiotherapie ist mobil. Daher kommen wir gerne zu Ihnen – mit Bewegung und Entspannung, wo immer Sie mögen:

- Wir behandeln und beraten Sie zu Hause – mit und ohne Kassen-Rezept.

- Wir sorgen dafür, dass Sie sich auch am Arbeitsplatz wohlfühlen – mit gesunden Tipps und Tricks für ergonomische Bewegungsabläufe. Ob Sie nun Friseur, Krankenschwester, Lehrer, Sekretärin, Kraftfahrer, Hausmann, Zahnärztin oder Pianist sind.

- Auch Outdoor sind wir gerne dabei: Joggen, Fahrradfahren, Nordic-Walking, Golfen, Inline Skaten. Wir schulen Ihre Technik und behalten Ihre körperliche Belastungsfähigkeit im Auge.

- Zur Entwicklung Ihres Kindes beraten wir Sie ganz individuell daheim.

- Wir kommen auch in Schulen, Kindergärten und Einrichtungen für ältere Menschen – mit pfiffigen körpergerechten Bewegungsspielen für Jung und Alt.

www.physio-verband.de

PHYSIO-KOMPASS

Physiotherapie –
Beratung und Betreuung

Nutzen Sie unsere Angebote zur Prävention. Kommen Sie direkt zu uns – auch unabhängig vom Arzt.

- Wir nehmen uns Zeit für Sie.

- Wir unterstützen Sie dabei, Ihre Gesundheit zu erhalten und Erkrankungen vorzubeugen.

- Wir beziehen Ihr soziales Umfeld, Ihre Arbeitssituation und Ihre Hobbies mit ein.

- Nehmen Sie uns als Entspannungs- und Bewegungsprofis in Anspruch!

- Wir beraten, betreuen und begleiten Sie gerne ganz individuell.

Physiotherapie bewegt und berührt – das zeigt sich an der Wortwahl. Viele Verben vermitteln Aktivität – sowohl als Wortart als auch inhaltlich: (er-)halten, vorbeugen, joggen, skaten, … Zudem wird deutlich, dass es in der Physiotherapie um „Kontakt" geht: unterstützen, beziehen, beraten, betreuen, begleiten, behandeln, sorgen, dabei sein. Die Sätze sind kurz, klar und überschaubar angeordnet. Sie holen Leserinnen und Leser in ihrer persönlichen Situation ab, sprechen sie direkt an und motivieren so zum Handeln.

Presse-Info

Entspannt ins Neue Jahr

Physiotherapeuten spenden Wohlfühl-Gutscheine

Stress um die Weihnachtszeit – wer kennt das nicht? Umso mehr freuen sich Freunde, Ehepartner oder Großeltern, wenn sie an Heiligabend auf dem Gabentisch ein buntes Wohlfühl-Päckchen vorfinden – gegen Weihnachtsstress und Winterspeck.

Die Ulmer Therapeuten bieten ihre vitale Geschenkidee den ganzen Dezember über an: Für 35 Euro gibt's die Wohlfühl-Gutscheine in Praxen und Apotheken.
Nach Weihnachten können sich die Beschenkten dann verwöhnen lassen: Ob Aromamassage, Qi Gong oder Lauftraining – in der bunten Angebotspalette der Physiotherapeuten findet sicher jeder sein persönliches Wunschpäckchen zum Wohlfühlen.
Die Therapeuten verbinden ihre Weihnachts-Aktion mit einem guten Zweck: Jeder entspannte Euro wandert in den Spendentopf der „Aktion 100 000".

Wo gibt's die Gutscheine?
Hier die Auflistung der Praxen und Apotheken mit Adresse und Telefonnummer
– Praxis Müller, . . .
– Praxis Meier, . . .
– Praxis Schulze, . . .

Kontakt für die Presse: Gabriele Müller, Tel. . . .

Die Textbausteine dieser überschaubaren Presse-Info sind vom Zeitungsredakteur rasch anders angeordnet: Allein der Untertitel und der Beginn des dünngedruckten Fließtexts ergeben eine sinnvolle knappe Meldung.
Komplett verwandt, ist der Presse-Text als kleiner ansprechender Artikel denkbar:
Der Titel ruft als „Hingucker" in vorweihnachtlich gestressten Gemütern ein erstes Aufatmen hervor („Entspannt").
Der Untertitel informiert knapp und treffend über die Aktion. Zu Beginn des fettgedruckten Vorspanns weckt eine rhetorische Frage die Neugier der Leser – die Lösung schließt sich direkt an.
Der dünngedruckte Fließtext beantwortet bereits im ersten Satz die wichtigsten W-Fragen:
Wer („Die Ulmer Therapeuten"), Was („Geschenkidee"), Wann („Dezember"), Wie teuer („35 Euro") und Wo (Praxen und Apotheken).
Der Infoteil am Schluss bedeutet Service für die Zeitungsleser – und die Physio-Praxen haben die Chance, hier auf sich aufmerksam zu machen.

Tipps zum Werberecht

Vorbei sind die Zeiten, in denen ein Praxisschild schwarz-weiß sein musste und höchstens 40 mal 60 cm groß sein durfte. Heute sind mannshohe Leuchtreklamen erlaubt. Werbemittel, die früher nicht nur verpönt, sondern sogar rechtswidrig waren, sind heute gängig und von der Rechtsprechung akzeptiert .

Dennoch: Klare Grenzen setzen das Heilmittelwerbegesetz (HWG), das Gesetz gegen den unlauteren Wettbewerb und die Rahmenverträge mit den Krankenkassen.

❗ Anpreisende, irreführende und vergleichende Werbung ist beispielsweise verboten – und wirkt im übrigen auf Patienten und Kunden unglaubwürdig und unseriös.

Bilder sind erlaubt

Werben Sie mit Bildern! Allerdings sollten Sie sich dabei beraten lassen. Erlaubt sind beispielsweise Porträtfotos Ihrer Mitarbeiter, sowie Bilder des Teams, die Praxisräume von innen und außen, eine Patientin auf dem Fahrradergometer, die Praxisinhaberin im Anmeldebereich oder etwa Patienten im Wartezimmer.

Der „klassische" Fehler: Bilder, die Sie als Therapeuten während einer Behandlung darstellen. Das ist bis heute laut Heilmittelwerbegesetz verboten.

Tabu: Heilungsversprechen, reißerische Parolen

Tabu sind so genannte Garantie- oder Heilungsversprechen.

Daher: Prahlen Sie nicht mit Behandlungserfolgen, Erfolgs- oder Heilungsquoten. Im übrigen sollten Sie auf reißerische Parolen verzichten, denn sie könnten als wettbewerbswidrig eingeordnet werden.

Als „Spezialist" oder „Fachfrau" dürfen Sie sich übrigens bezeichnen, sofern Sie in dem entsprechenden Bereich besondere Kenntnisse erworben haben. Die Bezeichnung „Fachphysiotherapeut" ist hingegen nicht erlaubt.

Behandlungstechniken erklären

Werben Sie mit Therapietechniken, müssen Sie die entsprechenden Fachbegriffe erläutern.

Praxisnamen

Beim Praxisnamen sind der Fantasie kaum Grenzen gesetzt: Atlas, Kubus, Faktum, Sportec, Physios, … Es sei denn, der Name ist bereits markenrechtlich geschützt! Fragen Sie beim Deutschen Patent- und Markenamt, München (www.dpma.de).

Das gilt auch für die Website-Adresse. Vorsicht mit Domain-Bezeichnungen, die eine Spitzenstellung vortäuschen: www.die-beste-praxis.de, www.physio-spezialist.de, oder www.physio-experten.de

Juristisch beraten lassen sollten Sie sich im Einzelfall auch bei Kombinationen wie:

→ Fachpraxis für …
→ Akademie für …
→ Zentrum für …
→ Institut für …
→ Praxis für ganzheitliche Physiotherapie ….
→ Praxis für Naturheilverfahren …
→ Haus der Gesundheit …

GEMA, Urheberrecht

Setzen Sie Musik ein, dann denken Sie daran, dass die GEMA Gebühren verlangt und Stichproben macht (GEMA: Gesellschaft für musikalische Aufführungs- und mechanische Vervielfältigungsrechte). Ob Hintergrundmusik im Warteraum, Trainingsbereich oder den Toiletten. Oder als Soundtrack zur Homepage.

❗ Fragen Sie im Einzelnen einen Profi zum Werberecht – beispielsweise den Rechtsanwalt Ihres Berufsverbands!

Werben Sie mit Bildern, die Emotionen ansprechen. Fotos, die keine Behandlungsszenen zeigen, sind erlaubt.

Literatur und weiterführende Literatur

Boxberg E. Selbstständig im Gesundheitswesen. München: Urban und Fischer; 2005.

Deutscher Verband für Physiotherapie – ZVK-Landesverband Baden-Württemberg e.V., www.physio-verband.de.

Erny H. Fit für die Medien. Ein praktischer Ratgeber. Zürich. orell füssli management; 1999.

Greber T. Marketing für Kleinunternehmer, Freiberufler und Selbstständige. Frankfurt. Moderne Verlagsgesellschaft. 1998.

Hein R. Tipps zum Werberecht. Stuttgarter Rundschreiben – Das ZVK-Magazin für Physiotherapeuten in Baden-Württemberg. April 2002.

Herbst D. Corporate Identity. Berlin. Cornelson. 2003.

Pfänder P. Tipps zur www-Gestaltung. Stuttgarter Rundschreiben – Das ZVK-Magazin für Physiotherapeuten in Baden-Württemberg. April 2002.

Schneider C. Beiträge in der Serie „Fit für'n Markt". Stuttgarter Rundschreiben – Das ZVK-Magazin für Physiotherapeuten in Baden-Württemberg. Hefte Dezember 2002 bis Mai 2004.

Schulz von Thun F, Ruppel J, Stratmann R. Miteinander reden. Reinbek: Rowohlt; 2003.

Stein S. Über das Schreiben. Frankfurt. Zweitausendeins; 1997.

Zillessen A. ZVK-Homepage-Wettbewerb. Stuttgarter Rundschreiben – Das ZVK-Magazin für Physiotherapeuten in Baden-Württemberg. April 2002.

Zillessen A. Tipps für klare Texte. Stuttgarter Rundschreiben – Das ZVK-Magazin für Physiotherapeuten in Baden-Württemberg. April 2002.

Publikationen zum Thema Marketing in der Zeitschrift physiopraxis

Grobe I. Praxisräume gestalten. Von Vorschriften, Farben und Feng-Shui. physiopraxis; 2003; 4 – 5.

Gschwandtner R. Mitarbeitergespräche zahlen sich aus. Potenziale entdecken und fördern. physiopraxis; 2004; 4.

Kamenik J. Praxisflyer für Patienten. Werbung zum Mitnehmen. physiopraxis; 2004; 1.

Kling M. Markenbildung für die Physiotherapiepraxis. Aus der Menge hervorstechen. physiopraxis; 2003; 7.

Rösler W. Tipps für das Praxismarketing. Für gute Leistung darf man werben. physiopraxis; 2003; 3.

Schluer D. Die Homepage für die Praxis. Visitenkarte im Internet. physiopraxis; 2003; 1.

Schneider C. Patientenbindung durch Kommunikation. Weichen stellen im Erstgespräch. physiopraxis; 2003; 3.

Zillessen A. Das Poster: Forschung auf den Punkt gebracht. Ein Quadratmeter voll Wissenschaft. physiopraxis; 2003; 8 – 9.

🛈 Abonnenten der physiopraxis können diese Beiträge in physioexklusiv nachlesen: http://www.thieme.de/physioonline/exklusivdemo/artikelarchiv.html

Danke

Wir danken allen Kolleginnen und Kollegen, die uns Werbematerialen zur Verfügung stellten. In diesem Buch verwendeten wir Material folgender Praxen:

- → faktum, Stuttgart, www.faktum-Stuttgart.de
- → fleiner und schazmann, Erbach
- → HandWerk, Oberhausen
- → Physio-Atelier, Zürich
- → Physiotherapie im ZO, Freiburg, www.physioteam-zo.de
- → Praxisteam WOLF LINDNER, Freiburg, siehe unter: www.freiburg-fuer-alle.de
- → PRO-MOTO, Stuttgart, www.pro-moto.de
- → rehamed, Stuttgart, www.rehamed-stuttgart.de
- → sportec, Weinheim, www.sportec.de
- → Uro-Physio, Bad Nauheim, www.urophysio.de
- → P.u.L.Z. im Rieselfeld, Freiburg, www.pulz-freiburg.de
- → Praxis Rinklin-Öhler, Waiblingen, www.oehler-physio.de
- → Physiotherapie Kreuzplatz, Zürich, www.physiokreuzplatz.ch
- → Physiotherapie S. Schumacher, Fellbach